WALTER EUCKEN INSTITUT

Vorträge und Aufsätze

146

Zur Politischen Ökonomie von Umweltabgaben

von

Erik Gawel

J.C.B. MOHR (PAUL SIEBECK) TÜBINGEN

Die Deutsche Bibliothek – CIP-Einheitsaufnahme

Gawel, Erik:
Zur politischen Ökonomie von Umweltabgaben / von Erik Gawel. –
Tübingen : Mohr, 1995
(Vorträge und Aufsätze / Walter Eucken Institut ; 146)
ISBN 3-16-146508-3
NE: Walter Eucken Institut ⟨Freiburg, Breisgau⟩ : Vorträge und Aufsätze

Diese Broschüre wurde gesetzt aus der Garamond Antiqua von Computersatz Staiger in Pfäffingen, gedruckt von Müller u. Bass in Tübingen auf archivfähiges Werkdruckpapier von der Papierfabrik Niefern und gebunden von der Buchbinderei Nädele in Nehren.

ISSN 0509-6065

Inhalt

Abbildungsverzeichnis

I. Die Praxisschwäche umweltökonomischer Instrumente als Herausforderung für die ökonomische Theorie

Wirtschaftswissenschaftliche Politikempfehlungen für den Umweltbereich, wie sie seit den Anfängen umweltökonomischer Theoriebildung ausgesprochen werden, sehen sich bis heute anhaltenden Widerständen in Praxis und Öffentlichkeit ausgesetzt.[1] Ihr gestalterischer Einfluß auf das kodifizierte Umweltrecht blieb trotz zunehmender deklamatorischer Befürwortung in Politik und Wirtschaft denkbar gering.[2] Dieses offensichtliche Faktum verleitet durch seine inzwischen nahezu ritualisierte Beschwörung zu einer bisweilen verzerrten Problemwahrnehmung: Eine Frontstellung dergestalt, daß einhellig ökonomische Anreizverfahren propagierende Wirtschaftswissenschaftler sich einer widerstrebenden Welt von vorwiegend juristischer und ingenieurwissenschaftlicher Sozialisation verpflichteten Entscheidungsträgern in Politik und Administration gegenüber gesehen hätten, noch dazu unterstützt durch eine eher verständnislose Öffentlichkeit, hat in dieser Form niemals bestanden.

Vielmehr darf nicht vergessen werden, daß einzelne umweltökonomische Theorieschulen große intellektuelle Anstrengungen unternommen haben, die instrumentellen Konzepte der jeweils anderen Seite in ihrer begrenzten Leistungsfähigkeit zu decouvrieren. Besonders leidenschaftlich wurde in diesem Zusammenhang die Demontage der Emissionsabgabe betrieben.[3] Speziell die Umweltabgabe hatte sich damit nicht nur gegen Widerstände aus dem vorparlamentarisch-

---

[1] Zu grundsätzlichen Umsetzungsschwierigkeiten theoretischer Konzepte siehe auch BONUS (1982), DERS. (1992) sowie bereits TUCHTFELDT (1970).

[2] Siehe hierzu beispielhaft EWRINGMANN/HANSMEYER (1992).

[3] Siehe z. B. die Einwände und Mängelrügen bei ROSE-ACKERMAN (1973); KABELITZ/KÖHLER (1977); ENDRES (1983); BRAULKE (1983); NAGEL (1980); CANSIER (1983).

politischen Raum, der administrativen Praxis oder der gesetzgebenden Körperschaften durchzusetzen, sie mußte sich auch massiver Angriffe aus dem ökonomischen Lager selbst erwehren, was ihrer Attraktivität naturgemäß erhebliche Einbußen beschert hat.

Die Frage nach den Ursachen der Praxisschwäche anreizender Umweltlenkungsverfahren muß daher zunächst einmal in den Blick nehmen, daß ein solches, aus ökonomischer Sicht evident überlegenes Allokationsinstrument niemals existiert hat; überdies hat sich im Verlauf der instrumentellen Diskussion die Erkenntnis verdichtet, daß gerade der Versuch eines allgemeinen instrumentellen Superioritätsnachweises in eine Sackgasse geführt hat. Ja nicht einmal das abstrakte Marktprinzip selbst konnte sich – wie empirische Forschungen belegen[4] – unter professionellen Ökonomen stets ungeteilter Zustimmung sicher sein; der wirtschaftswissenschaftliche Raum war mit Blick auf marktliche Lösungen des Umweltproblems oder gar einzelne instrumentelle Konzepte mithin keineswegs „gegnerfrei".

Nicht zuletzt ermangeln die der nach wie vor herrschenden neoklassischen Umwelt-Lehre zugrunde liegenden Werthaltungen des allgemeinen Konsenses: Sichtbarstes Zeichen hierfür mag das Aufkommen einer „Ökologischen Ökonomie" sein, die die Natur ohne Rekurs auf individualistische Wertvorbehalte zu erhalten sucht, wobei naturgemäß auch die instrumentellen Vorstellungen der Neoklassik in den Sog paradigmatischer Umwälzungen geraten.

Auf noch kritischere Resonanz stößt ökonomische Ziel-Mittel-Rationalität naturgemäß im außerökonomischen Denken; so wird etwa in der traditionellen Jurisprudenz die ökonomische Effizienzorientierung als verkürzte Staatshandlungsmaxime verworfen und das Eigennutzaxiom ökonomischer Verhaltenstheorien als grundlegenden Werthaltungen des Rechts widersprechend wahrgenommen.[5]

Allerdings trifft es auch nicht zu, daß sich die Resonanz außerhalb der Wirtschaftswissenschaft in widerstrebender Indolenz oder offener Ablehnung erschöpft hätte. Vielmehr wurden gerade in jüngerer Zeit in einigen Fällen marktnahe Ansätze auch über außerökonomische Promotoren in den politischen Prozeß eingespeist, dort jedoch

---

[4] Frey/Schneider/Pommerehne (1983); dies. (1985).

[5] So z. B. dezidiert bei Fezer (1986), ders. (1988). Zur polit-ökonomischen Überwindung der Effizienzfixierung auch Cumberland (1990).

wieder zur Strecke gebracht. Insbesondere die neue Popularität von Umweltsteuern nimmt ihren Ursprung erkennbar jenseits fachwissenschaftlicher Grenzen. Wie schwach tatsächlich ökonomische Promotoren bei der Gestaltung umweltpolitischer Anreizverfahren sind[5a], hat sich nicht nur bei der im wesentlichen über administrative Pfade entwickelten Politik des Emissions Trading in den USA, sondern auch immer wieder bei der Fortentwicklung der bundesdeutschen Abwasserabgabe gezeigt, welche unter weitgehender Abwesenheit wirtschaftstheoretischen Sachverstandes diskutiert, novelliert und fortgeschrieben wurde.

Eingedenk dieser latenten Gefahr der Legendenbildung bezüglich des Projektes „marktliche Umweltökonomik" ist eine mittlerweile umfangreiche Literatur der Frage nachgegangen, welche Gründe für die konzeptionelle Dichotomie zwischen Theorie und Praxis der Umweltpolitik als bestimmend anzusehen sind.[6] Auf diese Weise hat sich ein kleiner, aber doch vielbeachteter Forschungszweig etablieren können, der nicht mehr die umweltpolitische Gestaltung selbst sondern vielmehr deren Nichtdurchsetzbarkeit theoretisch zu behandeln sucht. Einen speziellen Erklärungsansatz hierzu liefern politökonomische Ansätze zur Analyse der politischen Akzeptanz pretialer Steuerungsmechanismen, die Widerstände gegen marktsteuernde Ansätze thematisieren und aus einer ökonomischen Weltdeutung abzuleiten suchen.[7] Diese Versuche der Neuen Politischen Ökonomie[8] stehen der eher politik- und verwaltungswissenschaftlich orientierten Implementationstheorie gegenüber,[9] die einen anderen sozialwissenschaftlichen Zugang zum selben Problemkreis anstrebt. Dabei hat sich das Explanandum der polit-ökonomischen Überlegungen in den

---

[5a] Hierzu allgemein auch NELSON (1987).

[6] Siehe hierzu BLÜMLE (1981); BOHM/RUSSELL (1985, 436 ff.); GAWEL (1992a); BONUS (1982); DERS. (1992); COMMON (1989); HAHN (1989a); DERS. (1990); DIETZ/VAN DER STRAATEN (1991); van MIERLO/VAN NISPEN (1991); BENKERT (1994); JÄGER (1994).

[7] Siehe z. B. im deutschsprachigen Raum MEISSNER (1988); FREY (1992, 133 ff.); HOLZINGER (1987); HORBACH (1992); WECK-HANNEMANN (1994); JOSEPH (1995).

[8] Einführend zu diesem Ansatz und seinen Anwendungsmöglichkeiten etwa MUELLER (1989); KIRSCH (1993) oder BERNHOLZ/BREYER (1994); grundlegend SCHUMPETER (1950); ARROW (1951); DOWNS (1957).

[9] Siehe hierzu beispielhaft MAYNTZ (1980); DIES. (1983); KNOEPFEL (1979) oder WOLLMANN (1980).

letzten Jahren deutlich gewandelt: Nicht mehr eine generelle Ablehnung des Marktprinzips erscheint erklärungsbedürftig, sondern das subtile Auseinanderklaffen öffentlich vorgetragener Affirmation und dahinter zurückbleibender tatsächlicher Implementationsbereitschaft; speziell Umweltabgaben erscheinen in jüngster Zeit „ebenso populär wie selten" (BENKERT 1994).

Warum also schaffen insbesondere Umweltabgaben bislang nicht den Sprung ins geltende Umweltrecht, obwohl nach nunmehr über 25 Jahren der intensiven Diskussion des Einsatzes hoheitlicher Abgaben im Dienste des Umweltschutzes in Umweltökonomie, Finanzwissenschaft und Abgabenrecht[10] ein gewisser gesellschaftlicher Konsens über Abgabenlösungen zwischenzeitlich erreicht scheint: Aus rechtswissenschaftlicher Sicht gelten Abgaben mittlerweile als akzeptable Ergänzung staatlicher Umweltschutz-Instrumente im Vorsorgebereich, der Abgaben-Gedanke hat inzwischen in die Programmatik aller politischen Gruppierungen Eingang gefunden, und seit nunmehr gut zehn Jahren werden Forderungen nach der gezielten Einführung spezieller Abgabentatbestände oder gar nach einem „ökologischen" Umbau des bestehenden Steuersystems zunehmend vehementer vorgetragen. Geschehen ist freilich seither nahezu nichts: Die Zahl der gescheiterten Umweltabgabenvorschläge ist Legion[11] – in letzter Zeit selbst bei prominenten Vorhaben (Energie, Abfall), die zum Teil sogar bereits bis zur Referentenentwurfsebene gediehen waren. Sieht man von einzelnen umweltschutzmotivierten Geldleistungspflichten neueren Datums auf Länderebene (Wasserentnahmeentgelte, [Sonder-] Abfallabgaben) einmal ab, so bietet die einzige bislang bestehende klassische Umweltlenkungsabgabe auf Bundesebene, die Abwasserabgabe, ein eher trauriges Bild: Zwischen dem ihrer Erhebung beigegebenen konzeptionellen Lenkungsauftrag und der

---

[10] Zur allgemeinen Umweltabgaben-Diskussion siehe zusammenfassend in jüngster Zeit HANSJÜRGENS (1992); ZIMMERMANN/HANSJÜRGENS (1993); ECKHARDT (1993); sowie die Beiträge in MACKSCHEIDT/EWRINGMANN/GAWEL (1994); ferner auch EWRINGMANN/SCHAFHAUSEN (1985); aus rechtlicher Sicht unverändert grundlegend MESSERSCHMIDT (1986).

[11] Hierzu zählen Konzepte einer Luftschadstoffabgabe, einer CO_2-Abgabe, von Sondermüll- und Deponieabgaben, Abgaben auf Getränkeverpackungen sowie die Idee einer (lenkenden) Naturschutzabgabe, um nur die prominentesten Vertreter zu nennen.

tatsächlichen Ausgestaltung nach dem Abwasserabgabengesetz klafft seit der Verabschiedung eine beträchtliche Lücke, die im Zuge der zwischenzeitlich durchgeführten vier Novellierungs-Runden noch beständig zugenommen hat.[12] Neben dem Scheitern lautstark geforderter Abgabentatbestände und der Demontage der einzig bestehenden Bundesabgabe mit klassischem Lenkungsauftrag nimmt sich die deklamatorische Befürwortung von „mehr Markt im Umweltschutz", das Bekenntnis zu einer „ökologisch-sozialen Marktwirtschaft" oder die Propagierung des Eigeninteresses von Umweltnutzern an der Erhaltung der natürlichen Lebensgrundlagen mithilfe preislicher Hebel zumindest erklärungsbedürftig aus. Die vorliegende Schrift möchte hierzu einen Beitrag leisten, indem die politisch-ökonomischen Systembedingungen für die Implementation von Umweltabgaben näher betrachtet werden. Ziel ist dabei eine theoretisch fundierte Erklärung für den gespaltenen Befund verbaler Befürwortung und gleichzeitiger faktischer Abwehr pretialer Umweltinstrumente.

II. Ansatzpunkte für theoretische Erklärungsmuster: eine strukturierende Problemskizze

Der einleitende Problemaufriß hat bereits deutlich gemacht, daß die Ursachenforschung für das Phänomen der Durchsetzungsschwäche wirtschaftswissenschaftlicher Politikempfehlungen für den Umweltbereich ein denkbar breites Spektrum abzudecken hätte. Für die folgenden Betrachtungen sei die Analyse freilich auf einen speziellen Problemausschnitt reduziert: Zum einen sei insbesondere eine Umweltpolitik durch *Abgaben* im Hinblick auf ihre Durchsetzungschancen beleuchtet; zum anderen mögen nur die Erklärungsmuster der *Neuen Politischen Ökonomie* (NPÖ) zur Erklärung herangezogen werden. Über die Verkürzung des Problemfeldes sollte man sich daher im folgenden stets im klaren sein: Für die Nichtanwendung anreizender Steuerungsmuster in der Umweltpolitik kommt eine Viel-

---

[12] Vgl. dazu exemplarisch für die letzte, vierte Novelle des AbwAG Gawel (1993b).

zahl von Gründen in Betracht, von denen eine polit-ökonomische Welterklärung nur einen – möglicherweise aber bedeutenden Teil – abzudecken in der Lage ist: Die NPÖ sucht Implementationsbarrieren nicht in der Struktur umweltökonomischer Politikmuster, deren empirischer Problemlösungskompetenz oder Unzulänglichkeiten der Werteharmonie mit gesellschaftlich dominierenden Sozial- oder Rechtsstrukturen sondern in den für pluralistisch-repräsentative Herrschaftsformen spezifischen Prozeßbedingungen finanz- und umweltpolitischer Willensbildung.[13]

Viele Ansätze zur Erfassung und Erklärung von Widerständen gegen das Marktprinzip bleiben damit an dieser Stelle ausgeklammert, u.a. antipretiale Affekte (Mißtrauen gegenüber dem Preissystem), mangelnde institutionelle Ausreifung und Problemlösungskompetenz (Praxisferne, fehlende Erfahrungswerte) bzw. anwendungsbezogene „Anmaßungen" der Politikkonzepte (Ausschließlichkeitsansprüche, informationelle Prätention oder Ignoranz bestehender Steuerungsstrukturen); auch die Störpotentiale implizierter Werthaltungen umweltökonomischer Politikprogramme für den Umweltschutz mögen hier außer Betracht bleiben.[13a] Allen diesen Faktoren sei die zusammenfassende Darstellung in Abb. 1 gewidmet, die polit-ökonomische Widrigkeiten lediglich als Teil komplex strukturierter Implementationsbarrieren für Marktlösungen ausweist.

An dieser Stelle sei nunmehr allein die Frage weiterverfolgt, wie sich instrumentelle Vorstellungen der (neoklassischen) Ökonomik im politisch-administrativen Subsystem einer umweltzehrenden Ökonomie durchzusetzen vermögen, wobei speziell das Schicksal von Umweltabgaben im Vordergrund stehen soll. Dabei wird zu unterscheiden sein, ob – in allgemeiner Perspektive – die ökologische Herausforderung unter den politischen Handlungsbedingungen des demokratischen Staates eine (ökonomisch) adäquate Politikantwort überhaupt zustande bringen wird (Abschnitt III.1) und ob – in spe-

---

[13] Auf objektivierbare, außerhalb der engeren Interessenslage angesiedelte Hemmnisse speziell für Umweltabgaben weist auch BENKERT (1994, 53 und 59) hin. So mag sich beispielsweise die Sonderabgabe größerer polit-ökonomischer Beliebtheit erfreuen (vgl. CAESAR 1994, HANSJÜRGENS 1995b), sie hat sich dennoch massivem akademischem Widerstand zu stellen, der bei Ökonomen das Non-Affektationsprinzip, bei Juristen den Steuerstaat in Gefahr sieht.

[13a] Hierzu u.a. KELMAN (1981, 1983); jüngst auch GOODIN (1994).

Abb. 1: *Umweltpolitische Marktsteuerung in der Kritik*

Wissenschaftsdiskurs		politisch-administrative Praxis	
ökonomisch	außerökonomisch		
neoklass. Effizienzkritik ***Effektivitäts-kritik***	***metaparadigmatische Wertekritik*** **• Anthropozentrik** **• methodol. Individualismus** **• antipretiale Affekte** **• eindimensionale Effizienz-orientierung** **• Motivationskonflikte (Extrinsik/Intrinsik)**	***anwendungsbezogene Musterkritik*** **• mangelnde Erfahrungs-werte** **• Praxisferne (Problem-lösungskompetenz)** **• informationelle Prätention** **• steuerungspol. Anmaßung (Substitutionsdogma)**	***Interessenbetroffenheit*** *(NPÖ)*

zieller Sicht – bei den hierzu eingesetzten, instrumentell spezifizierten Programmstrukturen noch ein gewisses Maß an ökonomischer Ratio erwartet werden darf (Abschnitt III.2). Konkrete Anwendungen der Überlegungen für die Durchsetzungschancen von Umweltabgaben beschließen die Betrachtung (Abschnitte IV., V. und VI.). Hierbei wird zunächst nach spezifischen Abgabenwiderständen gefragt (IV.), der Typus aussichtsreicher Abgabengestaltungen als deren politisches Ergebnis entworfen (V.) und einige Schlußfolgerungen aus der „Widerstandsforschung" für die praktische Umweltpolitik gezogen (VI.).

III. Polit-ökonomische Ansätze für staatliches Umwelthandeln

1. Grenzen der Umweltpolitik in der Wettbewerbsdemokratie

Nach der verstärkten Wahrnehmung ökologischer Probleme in den entwickelten westlichen Industriestaaten wurden zunächst systemkritische Stimmen laut, die eine Überforderung des Marktsystems durch die Notwendigkeit zur Erhaltung der natürlichen Umwelt vermuteten. Die Ausbeutung der Natur zu vermeintlichen Schattenpreisen von Null schien als „Marktversagen" nur durch Übergang zu stärker planorientierten und interventionistischen Wirtschaftsformen überwindbar.[14]

Mit der neoklassischen Gegenkritik, die vielmehr ein Staatsversagen postulierte, das die erforderliche Rahmensetzung vermissen lasse, damit der wertblinde Allokationsmechanismus des Marktes effizient zu alloziieren vermag, geriet das politische Subsystem selbst ins Blickfeld einer explizit polit-ökonomischen Analyse. In diesem Zusammenhang wird danach gefragt, inwieweit die *parlamentarische Wettbewerbsdemokratie* als komplexes gesellschaftliches Entscheidungs- und Konfliktlösungsverfahren in der Lage ist, die von der neoklassischen Wirtschaftstheorie geforderten Rahmensetzungen (Internalisierung, ökologische Zielformulierung und effiziente

---

[14] Zu dieser Systemkritik u. a. FREY (1978), ISSING (1975) oder HANSMEYER/RÜRUP (1973).

Durchsetzung durch Instrumente des Verursacherprinzips) tatsächlich zu implementieren und damit die Umwelt zu erhalten.[15]

Demokratie repräsentiert aus allokationstheoretischer Sicht einen speziellen Koordinations- und Konfliktlösungsmechanismus, der neben anderen Verfahren (Markt, zentrale Planung und Hierarchie, Verhandlungen) zu sehen ist. Die Bedingungen politischer Willensbildung in der Demokratie lassen sich durch ein plural-wettbewerbliches Entscheidungssystem repräsentativer Herrschaftsausübung mit eigennutzorientierten Handlungsträgern unter Einwirkung durch ein System organisierter Interessen charakterisieren. Trifft diese Struktur auf bereichsspezifische Besonderheiten *umweltpolitischer* Programmformulierung, so sind anstelle der (aus neoklassischer Sicht) notwendigen Schritte vielmehr politischer Inkrementalismus, Ineffizienz und instrumentelle Präferenzen gegen das Marktprinzip zu erwarten. Zu diesen Spezifika der umweltpolitischen Willensbildung werden u.a. gezählt:[16]

(1) ein *stark asymmetrischer Organisationsgrad betroffener Interessen*: Während die aus der Verfolgung von Umweltschutzzielen durch Verkürzung von Verfügungsrechten Betroffenen oftmals als homogen strukturierte und hoch organisierte Verursachergruppe (kleine homogene Gruppe nach Olson, 1971) gelten können, stehen ihnen eher amorph strukturierte, zahlenmäßig überlegene, aber gerade dadurch nur schwer organisierbare Interessenten an höherer Umweltqualität gegenüber; aufgrund der Durchsetzungsbedingungen innerhalb einer repräsentativ-pluralistischen Ordnung sehen sich Umweltschutzinteressen daher in einem strukturellen Nachteil;[17]

(2) *hochgradig selektive Belastungswirkungen* von Umweltschutzpolitik in sektoraler, räumlicher und personeller Hinsicht bedeu-

---

[15] Der weitergehenden Frage, ob neoklassische Politikempfehlungen eine derartige „Erhaltungsgarantie" zu Recht für sich in Anspruch dürfen, kann an dieser Stelle indes nicht weiter nachgegangen werden – dazu ausführlich Hampicke (1992).

[16] Hierzu Kielmansegg (1979); Zohlnhöfer (1984); auch Flassbeck/Maier-Rigaud (1982, 15–19) und Paul (1986).

[17] Zu den Überlegungen zur Organisationsfähigkeit von Interessengruppen siehe auch Bernholz/Breyer (1984, 349 ff.); Moe (1982); Pethig (1986); speziell mit Blick auf umweltpolitische Interessen auch Spillmann/Staehelin-Witt (1993, 115 ff.).

ten hohe Merklichkeit und Mobilisierung entsprechend vehementer Widerstandsformen seitens der potentiellen Regulierungs-„Verlierer";

(3) *eine deutliche Dissoziation von Kosten- und Nutzeninzidenz* in personeller und zeitlicher Hinsicht schließlich, die für öffentliche Güterbereitstellungsprozesse charakteristisch ist, läßt den öffentlichen und ggf. später anfallenden Nutzen von Umweltqualitätsverbesserungen zurücktreten hinter eher unmittelbaren und privaten Verzichtskosten. Interessenartikulation und politische Einflußnahme als individuale Handlungskategorien lassen daher eher wirkmächtige Einzel- und Gruppeninteressen gegen Umweltschutzbelange erwarten. Der (ressourcenzehrenden) Promotion öffentlicher, d. h breiter Nutzenstreuung unterliegender Anliegen, gebricht es daher an den für private Interessenwahrnehmung essentiellen Anreizen.

Wenn es aber vor diesem Problemhintergrund von der erfolgreichen Verankerung ordnungspolitischer Entscheidungen über die Rahmenbedingungen des Marktprozesses abhängt, ob marktlicher Wettbewerb zur Quelle von Umweltgefährdung oder zum Instrument des Umweltschutzes wird, eine solche Setzung unter den Bedingungen demokratischer Willensbildung politisch jedoch nicht durchsetzbar erscheint, gerät die Wettbewerbsdemokratie auf diese Weise zu einer Form gleichsam „institutionalisierten Staatsversagens" in der Ökologiefrage.[18]

Offenheit und pluralistische Struktur können aber auch als Stärken des politischen Prozesses begriffen werden, ohne die eine Artikulation neuartiger gesellschaftlicher Dringlichkeiten in politischen Arenen kaum vorstellbar ist (siehe die Ökologiedefizite der untergegangenen Zentralverwaltungswirtschaften). Überdies bestehen Zweifel, ob mit insuffizienter Umweltpolitik nicht vielmehr eine zufriedenstellende Transformation individueller Präferenzen in politische Entscheidungen gelingt, m. a. W.: ob nicht individuelle Präferenzen trotz deklamatorischer Befürwortung (noch) gegen effektiven Umwelt-

---

[18] ZOHLNHÖFER (1984); E.-H. RITTER (1987). Hierzu aus politikwissenschaftlicher Sicht auch KIELMANSEGG (1979); DECKER (1994). Allgemeiner auch WEIGEL (1984).

schutz gerichtet sind, z.B. aufgrund von Rationalitätenfallen (DOWNS 1973). Dann aber würde keine fehlerhafte Übersetzungsleistung des politischen Systems vorliegen, sondern eine letztlich doch ökologiekritische Präferenzstruktur der Gesellschaftsmitglieder.[19]

2. Das polit-ökonomische Grundmodell der Politik-Implementation: Interessenanalyse und der Markt für Regulierungen

An die Stelle der älteren systemkritischen Stimmen trat insoweit eine eher polit-ökonomisch akzentuierte Skepsis an der generellen Bewältigungskapazität ökologischer Bedrohung durch den demokratischen Staat. Diese hat auch mit Blick auf die instrumentelle Ebene spezifische Deutungen hervorgebracht: Selbst wenn es mithin gelingen sollte, eine abstrakte gesellschaftliche Beschränkung zugunsten der Ökologie auf der Zielebene zu verankern, so bleibt offen, ob die hierzu eingesetzten Mittel der Umweltpolitik den ökonomischen Anforderungen genügen können. Als Teilgebiet der Neuen Politischen Ökonomie hat sich im anglo-amerikanischen Raum eine eigenständige *Theorie umweltpolitischer Regulierung* entwickelt,[20] die im deutschsprachigen Raum nur zögernd rezipiert wird.[21] Sie geht ihrerseits zurück auf allgemeine Rent-Seeking-Ansätze der Public-Choice-Theorie[22] sowie Überlegungen der neueren positiven Regulierungstheorie.[23]

---

[19] Zum Problem von (wahrer) Präferenzartikulation und Rationalitätenfallen im Umweltbereich auch wiederholt BENKERT (1987), (1994). Zur Demokratietheorie der Umweltpolitik auch HORBACH (1992, 86 ff.)

[20] U. a. BUCHANAN/TULLOCK (1975); MAJONE (1975), (1976); YOHE (1976); DEWEES (1983); BECKER (1983); HAHN (1989a); DERS. (1990); MALONEY/MCCORMICK (1982); MAGAT/KRUPNICK/HARRINGTON (1986); CAMPOS (1989); GRUENSPECHT/LAVE (1989); DOWNING/HANF (1983); im Überblick MITNICK (1980). Siehe hierzu auch die Arbeiten von OWEN/BRAEUTIGAM (1978); FIORINA (1982) und SHEPSLE/WEINGAST (1984).

[21] Hier vor allem HORBACH (1992).

[22] Siehe hierzu u. a. TULLOCK (1967); DERS. (1993) KRUEGER (1974); BUCHANAN/TOLLISON/TULLOCK (1980); MCCORMICK/TOLLISON (1981); TOLLISON (1982); ROWLEY/TOLLISON/TULLOCK (1988).

[23] Grundlegend hier STIGLER (1971); POSNER (1974); PELTZMAN (1976); ferner DOWNING (1981); NOLL (1983); BECKER (1983); PELTZMAN (1989).

Im Gegensatz zur traditionell-normativen ökonomischen Theorie der Regulierung, die eher preistheoretisch orientiert ist und sich an der Frage nach Legitimation und Ausmaß einer hoheitlichen Intervention in Preisbildungsprozesse bei Überformung der Allokationsvorgänge durch öffentliches Interesse oder Marktversagenskomponenten interessiert zeigt, liefert die (positive) umweltpolitische Regulierungstheorie Einsichten in die staatliche Gestaltung politischer Maßnahmenbündel zur Bewältigung des Umweltproblems. Zentrale Fragestellungen sind hier das Zustandekommen umweltpolitischer (Ziel-) Normen als Ergebnis interessenpolitisch-parlamentarischer Interaktion („standard-setting“) und das Problem der Auswahl umweltpolitischer Instrumente im Politikprozeß („instrument choice“). Im Dunkeln bleibt hier freilich das Exekutivische umweltpolitischen Handelns, das einer eigenständigen Vollzugstheorie vorbehalten bleibt.[24]

Befruchtet von der sozialwissenschaftlichen Implementationsforschung, analysiert die NPÖ ein komplexes politisch-administratives Implementationssystem nach dem ökonomischen Paradigma individueller Eigennutzorientierung: Danach will eine spezifische Problemsicht durch Problemwahrnehmung und -verarbeitung zunächst geformt („agenda setting“), unter Zuhilfenahme einer Lösungskizze zu Programmaussagen verdichtet, und in einem mehrstufigen Entscheidungs- und Umsetzungsprozeß in gesellschaftliche Realität transformiert sein. Die an den einzelnen Stufen dieser Politik-Implementation beteiligten Aktoren verfolgen aus ökonomischer Warte individuelle, zumindest aber partikulare Vorteilskalküle, hinter denen die gesamtwirtschaftliche Ratio der ursprünglichen Lösungsskizze zurücktritt.

Die hieran beteiligten Kräfte bilden dabei marktähnliche Strukturen aus, deren Handelsobjekte die Formulierung und Umsetzung von Regulierungsprogrammen darstellen: Umweltpolitische Programme gehen nach dieser Deutung aus spezifischen Angebots- und Nachfragestrukturen hervor und haben sich anschließend in komplexen und ergebnisoffenen Vollzugs-Interaktionen zu bewähren. Merkmale dieses Prozesses sind damit

---

[24] Siehe hierzu nur im Überblick Gawel (1993c).

- hinsichtlich seiner *Struktur* die „tauschförmig“[25]-interaktive anstelle einer hoheitlich-imperativen Ausprägung,
- hinsichtlich der beteiligten *Agenten* Eigennutzorientierung statt Gemeinwohlverpflichtung; auch eine Deutung als interessenneutrale „Mechanismen“ rein ziel-rationaler Impulsumsetzung scheidet danach aus.

Ein *polit-ökonomisches Modell* staatlichen Handelns umfaßt daher generell drei Komponenten:

- eine Menge relevanter *Aktoren*, die für den jeweils betrachteten Problemausschnitt als gestaltend und einflußnehmend identifiziert werden,
- Annahmen über die *Zielfunktionen* der beteiligten Kräfte, insbesondere über die Argumente und deren Gewichte in den (individuellen) Nutzenfunktionen,[26] sowie schließlich
- eine die Aktoren in ihrem Zusammenspiel verknüpfende *Struktur*, die die Interaktionsmuster sowie ggf. die Kräfteverteilung des Implementationssystems abbildet und damit die Bedingungen der Interessensdurchsetzung umgreift.

Als Folge der Interaktionen ergibt sich jeweils ein spezifischer politischer Output; dabei liegt es auf der Hand, daß je nach Interessen-, Aktoren- und Strukturkonstellation im umweltpolitischen Raum *asymmetrische Durchsetzungschancen* für instrumentenspezifische Programmstrukturen bestehen. Der empirisch beobachtbare umweltpolitische *bias* zugunsten tradierter Maßnahmen der Eingriffsverwaltung geht nach dieser Lesart auf zwischen den Instrumenten bestehende Differenzen in der Bedienung partikularer Regulierungsinteressen zurück. Diese Betrachtung setzt voraus, daß zumindest gewisse Vorstellungen über die „Regulierungs-Inzidenz“ bestehen, d.h. über die Frage, wem eine z.B. umweltpolitische Regulierung tat-

---

[25] Zur Erscheinungsform „tauschförmigen Rechts“ siehe Winter (1978, 254 ff.), ders. (1980, 108 ff.); Bohne (1981, 68, 72, 224 ff.); Brohm (1986, 103 ff.); Treiber (1983, 30 ff.); Burmeister (1988, 15 ff., 163 ff.).

[26] Nach Prittwitz (1990) wird in diesem Zusammenhang oftmals nach „Verursacherinteressen“, „Betroffeneninteressen“ und „Helferinteressen“ unterschieden, die als Motive politischer Artikulation die jeweiligen Zielfunktionen bestimmen.

sächlich nützt.[27] Die Deutung von Regulierungsdynamik über ihren Reflex in der Verteilung von Verfügungsrechten sieht Regulierung dabei stets zugunsten wohlorganisierter Interessen am Werk. Die umweltpolitisch wohl überzeugendste Ausprägung dieses Erklärungsmusters liegt in der ubiquitären *Diskriminierung zukünftiger Ressourcennutzer*: Noch nicht genehmigte Anlagen, ansiedlungswillige Betriebe oder spätere Konsumentengenerationen sind von den Möglichkeiten politischer Einflußnahme zum Entscheidungszeitpunkt weitgehend ausgeschlossen; mangels Zugang zu politischen Arenen finden ihre Interessen daher auch kaum angemessene Berücksichtigung.

3. Anwendungen für die Umweltpolitik

a. Ziele und Zielfunktionen

Beginnen wir zunächst mit dem Kern der Argumentation, der individualen Vorteilsextremierung von Handlungsträgern im Implementationsprozeß: Für alle relevanten Aktoren sind Festlegungen darüber zu treffen, wie einzelne Komponenten der staatlichen Politikantwort auf ein im politischen System „wahrgenommenes" Problem ihren Niederschlag in den jeweiligen Nutzenfunktionen finden („Interessenanalyse"[28]). I. d. R. bleiben die Überlegungen hierzu allerdings eher heuristisch und stützen sich weitgehend auf Plausibilitäts- und ad-hoc-Annahmen. Mit Blick auf die Umweltpolitik könnte dies nach HAHN (1989b, 1990) aber auch formal über eine Abbildung in einer zweidimensionalen Nutzenfunktion

(1) $u_i = u_i(M, Q)$

geschehen, die die Bewertung des an der umweltpolitischen Willensbildung beteiligten Aktors *i* hinsichtlich des umweltpolitischen Qualitätsziels *Q* sowie der Marktnähe *M* des zu seiner Realisierung einge-

---

[27] Hierzu grundlegend bereits STIGLER (1971), für die Umweltpolitik u. a. WELCH (1983); HAHN (1989a); MALONEY/MCCORMICK (1982).

[28] Hierzu bereits EWRINGMANN/ZIMMERMANN (1978); FÜRST (1978); HOLZINGER (1987, 260 ff.); ferner u. a. ENDRES (1985, 100 f.); FREY (1992, 134 ff.); HAHN (1990, 25 ff.); JOSEPH (1995, 100 ff.).

setzten Instruments bzw. Instrumentenbündels widerspiegelt. Umweltpolitische Programme werden auf diese Weise auf zwei eindimensionale Merkmale reduziert, auf deren Wertschätzung seitens der Betroffenen sich die jeweilige Programmevaluierung stützt: Danach bestehe jeweils ein spezifisches Interesse an der Strenge der umweltpolitischen Zielnorm Q sowie am Grad der Marktorientierung M des zu seiner Realisierung eingesetzten Instrumentariums. Als Kriterium der „Marktnähe" möge hierbei der Grad der Vollkommenheit der Anlastung von Opportunitätskosten aus der Nutzung von Umweltgütern gelten.[29]

Die mit Gleichung (1) gewählte Formulierung hat zunächst für sich, die beiden zentralen umweltpolitischen Aktionsparameter „Zielbestimmung" (standard setting) und „Instrumentenauswahl" (instrument choice) als über ein simultanes Entscheidungsproblem verbunden zu verstehen; diese Sichtweise überwindet Mängel älterer Analysen, die Zielfixierung und Instrumentierung von Programmstrukturen sequentieller Entscheidungslogik unterworfen sehen und erst im zweiten Schritt ein *gegebenes* ökologisches Ziel mit einem zu bestimmenden Maßnahmensystem anzugehen sucht. Diese Ziel-Mittel-rationale (Um-) Deutung des politischen Prozesses („Rationalitätsdogma"[30]) geht freilich an der Praxis vorbei: Vielmehr herrschen über unbestimmte Rechtsbegriffe verklausulierte Zielabsichtserklärungen vor, die erst in nachgelagerten, häufig auszuhandelnden Normierungen konkretisiert werden (implizite Zielbestimmung). Hierin kommt zugleich eine nachhaltige Verschränkung von Politikformu-

---

[29] Im Rahmen einer Umweltqualitätsziele Q fixierenden Umweltpolitik erscheint es wenig zweckmäßig, die Meßlatte für Marktlösungen weiter anzuheben und etwa auf marktendogene Zielfindung und damit präferenzgeleitete Umweltallokation abzustellen. Für die Zwecke des hier verfolgten Modellzusammenhangs genügt ohnehin eine ordinale Skalierung, die eine einfache Reihung instrumenteller Programmstrukturen zulassen soll.

[30] Hierzu auch ausführlich Gawel (1994b). Der beharrliche Widerstand speziell gegen eine „Restverschmutzungen" belastende Abgabe offenbart in exemplarischer Deutlichkeit, daß weniger an der spezifischen abgabeökonomische Lenkungsform, sondern vielmehr der offenen Anwendung des Opportunitätskostenprinzips (belaste jeden Güterverbrauch mit den daraus erwachsenden sozialen Verzichtskosten) Anstoß genommen wird. Im Gewande der Instrumentendiskussion feiern hierbei Widerstände gegen Ziele des Verursacherprinzips Urständ; hierzu auch Gawel/Ewringmann (1994).

lierung und Programmumsetzung zum Ausdruck, indem erst in der eigentlichen Implementationsphase zuvor versäumte oder vermiedene Zielexplikationen nachgeholt oder umgekehrt einmal getroffene Festlegungen auf der Zielebene im Exekutionsprozeß wieder in Frage gestellt werden.

Des weiteren überwindet die Problemformulierung in Gleichung (1) die Dichotomisierung des instrumentellen Vorrats an staatlichen Steuerungsverfahren in Markt- und Nicht-Markt-Instrumente: Die antithetische Gegenüberstellung ökonomischer und ordnungsrechtlicher Instrumente des Umweltschutzes insinuiert eine Separation im staatlichen Instrumenten-Set, die aus steuerungstheoretischer Sicht nicht haltbar erscheint: Vielmehr gewinnt zunehmend die Erkenntnis an Gewicht, daß der Parameterraum staatlicher Eingriffsmöglichkeiten – so man ihn denn nach dem speziellen *Kriterium der Marktnähe* zu klassifizieren bestrebt ist – ein Kontinuum repräsentiert, an dessen gedanklichen Polen reine Markt- und reine Zentrallösungen des Allokationsproblems anzusiedeln sind.[31] Schließlich büßt die vermeintliche Antinomie „marktlicher“ versus „hoheitlicher Steuerung“ im Rahmen staatlich rahmensetzender und mischinstrumentell intervenierender Umweltpolitik (hierzu GAWEL 1991, DERS. 1992a) deutlich an Gewicht ein: Staatliches und marktliches Agieren sind insoweit im Zusammenhang ökonomisch rationaler Umweltpolitik der Gegenwart von *komplementärem* Rang (so auch bereits SCHWARZE 1992, 129 f.).

---

31 So weisen die am häufigsten im Zusammenhang mit Marktallokation im Umweltschutz in Verbindung gebrachten Instrumente wie Abgaben und Zertifikate wesentliche Merkmale einer marktlichen Koordination von Individualinteressen, nämlich die Präferenzorientierung des Marktangebotes, nach dem modifizierten Standard-Preis-Paradigma und seiner in den politischen Prozeß verlagerten Zielformulierung gerade *nicht* mehr auf. Umgekehrt erfüllen beispielsweise informelle Aspekte der Aushandlung von Genehmigungserteilungen kaum die Tatbestandsmerkmale einer staatlich-imperativen Normsetzung. Ähnlich auch BERGMANN (1990), HANSMEYER (1993). Eine Aufweichung der Frontstellung war im übrigen bereits in der vereinzelt vollzugskritischen Wahrnehmung des Ordnungsrechts angelegt, die durchsetzungsschwache Normen mit Sanktionsdrohung als mit Abgabelösungen verwandt identifizierten, die einen Freibetrag an Umweltnutzung einräumen (OSTERKAMP 1975; FREY 1992, 123). Ähnlich auch BOHM/RUSSELL (1985, 451), die in der Strafdrohung bei Normverletzung eine ökonomische Anreizkomponente sehen.

Interessenanalyse in diesem formalen Modell bedeutete dann die Spezifizierung der partiellen Ableitungen sämtlicher Nutzenfunktionen nach den Argumenten *M* und *Q*: Wie also reagieren die Akteure auf eine stärkere Marktakzentuierung des umweltpolitischen Programms ($\mathrm{d}u_i/\mathrm{d}M$) bzw. ein verschärftes umweltpolitisches Qualitätsziel ($\mathrm{d}u_i/\mathrm{d}Q$)? Auch substitutive Beziehungen von ‚ökonomischer Ausrichtung' des Umweltprogramms und seiner Eingriffsstärke (‚Zielniveau') können hierbei über Kreuzableitungen und implizite Differentiale abgebildet werden: So wird der Ausdruck $\mathrm{d}^2u_i/\mathrm{d}M\,\mathrm{d}Q$ Auskunft darüber geben, wie die marginale Wertschätzung des Marktprinzips von Veränderungen des zugrunde liegenden ökologischen Anspruchsniveaus abhängt. Auch könnte der Ausdruck $[\mathrm{d}u/\mathrm{d}M\ /\ \mathrm{d}u/\mathrm{d}Q]_{u=\mathrm{const.}}$ über die Grenzrate der Substitution zwischen *M* und *Q* Auskunft geben: Hieraus würde etwa abgeleitet werden können, daß z.B. eine Hinnahme verschärfter Grenzwerte nur bei Aufgabe der Restschmutzveranlagung erfolgen kann, da dies aus Sicht der Regulierungsadressaten nutzenäquivalent wäre.

b. Akteure

Interessant erscheint nun im Rahmen dieses Modells die Frage, welche Aktoren an der Willensbildung als beteiligt angesehen werden und welches Gewicht ihnen im Politikformulierungsprozeß jeweils zukommt. Üblicherweise werden hier vier Gruppen von Handlungsträgern unterschieden:[32]

(I) *Politische Entscheidungsträger*: Durch Wahlen legitimierte Repräsentanten des demokratischen Souveräns agieren zwar im politischen Auftrag des Prinzipals („Gesamtheit der Bürger"), verfolgen jedoch genuine Eigeninteressen (Machterhalt, Einflußmehrung), de-

---

[32] Siehe etwa FREY (1992, 134); GAWEL (1992a), DERS. (1995b); BENKERT (1994); JOSEPH (1995); HANSJÜRGENS (1995b); HOLZINGER (1987, 260 ff.) verwendet ein differenzierteres Aktoren-System, das u. a. auch die wissenschaftliche Politikberatung, gesellschaftliche Gruppen sowie die „Öffentlichkeit" umgreift. Auch hier fehlt allerdings der Einfluß der Jurisdiktion: Die zunehmende Bedeutung von Gerichten bei der Umweltallokation thematisieren u. a. MELNICK (1983), im deutschsprachigen Raum GESSNER (1978) oder HIRTZ (1978). Zur Allokationsfunktion der Judikative allgemein auch POSNER (1992). Eine allgemeine umweltpolitische Aktorenanalyse findet sich überdies in JÄNICKE (1995).

ren Anbindung an die Wählerinteressen durch Vermarktung politischer Programme oder symbolischer Repräsentanzen derselben (insbes. Personifizierungen) auf Stimmenmärkten erfolgt („politische Unternehmer");

(II) *Wähler*: Die Gesamtheit politisch entscheidungsbefugter Individuen als Souverän delegiert in diskretionären Wahlakten politische Gestaltungsmacht an politische Unternehmer; dabei erfolgt in repräsentativen Regierungssystemen gerade keine Abstimmung über einzelne (etwa umweltpolitische) Programme, sondern die Einsetzung personaler Funktionsträger, die allenfalls mit vage umrissenen Programmbündeln identifiziert werden können. Die diskretionäre Einsetzung von Mandatsträgern in gesellschaftliche Dispositionsgewalt über Ressourcen („Regierungsverantwortung") bildet damit einen Hebel zur Präferenzorientierung politischer Gestaltungsmacht an Wählerinteressen aus: Politiker als politische Unternehmer streben gemäß polit-ökonomischer Paradigmatik nach Maximierung individueller Zielgrößen (Einkommen, Ansehen, Machtentfaltung etc.). Der für Regierungskräfte reservierte machtpolitische und wirtschaftliche Ressourcenzugang gestattet die Verwirklichung eigennütziger Politikziele im wesentlichen nur im Regierungsrang, nicht jedoch in der Oppositionsrolle. Hierher rührt die Verhaltensannahme, im demokratischen Staat werden politisch Handelnde als Zwischenzielgröße den Wählerstimmenanteil zu maximieren suchen in der Absicht, politische Gestaltungsgewalt zu erringen.[33]

(III) *Bürokratische Entscheidungsträger*: Die Ausformung politischen Gestaltungswillens obliegt regelmäßig Fachbehörden, die kraft ihrer Sachkenntnis bei der Programmplanung und der Exekution politisch gebilligter Maßnahmen die Federführung innehaben und von denen gerade durch diese Expertenstellung zunehmend auch in der Politikformulierung prägende und präjudizierende Einflußnahmen ausgehen. Aus ökonomischer Sicht[34] repräsentieren „Büros" Organi-

---

[33] Alternativ zu der in der ökonomischen Theorie der Politik oft genutzten Stimmenmaximierungsthese argumentieren u. a. Alesina (1987) und Hibbs (1977), Politiker bzw. politische Parteien handelten eher ideologiegebunden, d. h. sie versuchten sich an den Präferenzen ihrer Stammwähler zu orientieren, um diese langfristig an sich zu binden.

[34] Hierzu Niskanen (1973, 350); siehe auch Holzinger (1987, 55 ff.).

sationen, die – anders als gewerblich-produzierende Einheiten – ihren Output nicht auf Absatzmärkten veräußern, sondern zur Vornahme ihrer Leistungserstellung auf Budgetzuweisungen angewiesen sind; Mitarbeiter und Leiter bürokratischer Einheiten können daher auch nicht die Differenz zwischen Einnahmen und Kosten als persönliches Einkommen vereinnahmen; vielmehr stehen sie in einem spezifischen außermarktlichen Prinzipal-Agenten-Verhältnis zu einem politischen (oder seinerseits büroratischen) Mittel- und Auftraggeber, und bringen oftmals nicht-marktfähige Leistungen hervor, z.B. als Verwaltungsbehörde. Die Wertschätzung der Bürotätigkeit – des „Büro-Outputs" – durch dessen unmittelbare „Abnehmer" beeinflußt damit die Höhe des dem Büro zur Verfügung stehenden Budgets – anders als auf wettbewerblich organisierten Güter- und Faktormärkten – nur in dem Maße, wie Abnehmer bzw. Betroffene Einfluß auf die Präferenzen der Sponsoren nehmen. Art und Intensität des Interaktionsprozesses zwischen Verwaltungsadressaten und Verwaltungssponsoren (Wahlen, Öffentlichkeit) kommt dementsprechend eine wichtige Rolle zu.

(IV) *Interessenverbände*: Schließlich werden atomisierte Individualinteressen durch verbandliche Gruppenorganisation gebündelt und durch gezielte Einflußnahme auf den Fortgang des politischen Prozesses in ihrer Wirkung multipliziert; über die Bedingungen der Gruppenbildung und ihres Einflußpotentials (Kohärenz, Interessenhomogenität, Umfang) informiert die ökonomische Theorie der Interessenverbände.[35]

Es bleibt dabei die große Schwäche des Modells, die qualitative Bestimmung der Nutzenfunktionen der an der Implementation Beteiligten im wesentlichen über Plausibilitätsannahmen vorzunehmen; der Kern der Argumentation bleibt damit spekulativ. Besonders deutlich zeigt sich dies an der Frage, wie die Wertschätzung von „Marktnähe" einer umweltpolitischen Programmstruktur auf seiten der verursachenden Wirtschaft, d.h. der präsumtiven Abgabendestinatare gesehen wird: Befürworten *Unternehmensverbände* mehr „Markt" im Umweltschutz (i. e. $du_{IV}/dM > 0$) oder werden überkommene ord-

[35] Hierzu grundlegend OLSON (1971); siehe im deutschsprachigen Schrifttum der neueren Zeit auch MÄRTZ (1990); NAUMANN (1984); LEONHARD (1986); MANN (1994); TIEDEMANN (1994) sowie bereits WEBER (1977).

nungsrechtliche Strukturen bevorzugt ($du_{IV}/dM < 0$)? Wurde von den Normadressaten anfänglich gemutmaßt, sie präferierten marktnahe Instrumentarien,[36] so hat sich zwischenzeitlich auch durch empirische Anschauung bestätigt, daß produktive Umweltnutzer im hergebrachten Ordnungsrecht erhebliche Vorteile erblicken;[37] diese sind insbesondere gegeben durch

- *kostenlose Verfügungsrechte* über Umweltressourcen in Höhe der ordnungsrechtlich jeweils nicht inkriminierten „Restverschmutzung",
- *wettbewerbsbeschränkende Wirkungen* des insbesondere markteintrittswillige Neuemittenten diskriminierenden Zuteilungsverfahrens[38] sowie
- *Verhandlungsspielräume* auf subalterner Vollzugsebene.

Auf diese Weise konnte die gesellschaftliche Entscheidung für das Verursacherprinzip im Wege interessenpolitisch günstiger instrumenteller Konkretisierung in ihrer Belastungswirkung gemindert werden.[39] Allerdings haben sich Unternehmensvertreter auch ökonomische Effizienzkritik zu eigen gemacht, um gegen starre Handlungsbeschränkungen durch das Ordnungsrecht aufzubegehren; in diesem Zusammenhang wurden auch wohlwollende Einschätzungen marktnäherere Allokationsverfahren ventiliert, etwa zugunsten von Kompensationsarrangements.[40] Schließlich kann die Propagierung einzelner instrumenteller Varianten auch strategischen Zielen dienen: So wird das aperiodisch aufflackernde Interesse an Zertifikatlösun-

---

[36] So etwa NOWOTNY (1974, 210). Zur faktischen Ablehnung von Abgaben durch die Unternehmen jedoch bereits klar PAUL (1986, 454) und BOHNE (1994, 133).

[37] Grundlegend hierfür ist die Arbeit von BUCHANAN/TULLOCK (1975), die die allgemeinen Überlegungen der positiven Regulierungstheorie erstmals auf die umweltpolitische Fragestellung der Instrumentenwahl übertragen und dabei gezeigt haben, daß imperative Regulierung gegenüber Abgabenlösungen Produzentenvorteile hervorbringt und daher von den Regulierten nachefragt wird. Siehe im Anschluß daran auch die Arbeiten von YOHE (1976); COELHO (1976); DEWEES (1983); MALONEY/MCCORMICK (1982); CAMPOS (1989); VERBRUGGEN (1991).

[38] Zur Instrumentalisierung von „Auflagen" als Marktmacht-Renten abwerfender Hebel der Umweltpolitik siehe auch HORBACH (1992, 213 f.) m. w. N.

[39] Vgl. BUCHANAN/TULLOCK (1975, 142), PRUD'HOMME (1981, 396) und BOHM/RUSSELL (1985, 439).

[40] Siehe dazu z. B. W. RITTER (1993).

gen auf seiten der Unternehmerverbände offenbar stets dann virulent, sofern sich instrumentell konkurrierende Abgabeprogramme politisch der Beschlußfassung nähern; überraschend artikulierte Präferenzen für Lizenzmodelle sollen so die Verwirklichung von Abgabenlösungen durch eine erneute Kontroverse um das „überlegene" umweltökonomische Instrument behindern.[41]

Die in ihrer generalisierten Form daher aussichtslos spekulative Kontroverse um die instrumentelle Interessenlage des Unternehmenssektors, die bis in die jüngste Zeit durch neuere, aber keineswegs fundiertere Beiträge aus dem polit-ökonomischen Raum belebt wird,[42] hat allerdings zu der Erkenntnis geführt, daß der Unternehmenssektor interessenpolitisch einen eigenen, komplexen Mikrokosmos darstellt: Dessen ohnehin heterogene Interessenlage wird als Folge branchenspezifischer Belastungsprofile einzelner Programmkomponenten sowie das Aufkommen einer an Bedeutung rasch zunehmenden Umweltschutzindustrie mit gänzlich eigenen Interessensmustern weiter dissoziiert.

Aber auch die Modell-Vorstellungen von bürokratischer Interessensdurchsetzung[43] leiden an Perzeptionsmängeln und verleiten daher zu pauschalen Einstellungs- und Verhaltensspekulationen über *die* (Umwelt-) Verwaltung:[44] Zwar trifft die seit Niskanen übliche Charakterisierung von Büros als Organisationen, die auf Budgetzuweisungen angewiesen sind und deren Mitarbeiter und Leiter nicht die Differenz zwischen Einnahmen und Kosten als persönliches Einkommen vereinnahmen können,[45] auf zahlreiche der am politisch-administrativen Prozeß beteiligten Institutionen zu. Die der ökonomischen Theorie der Bürokratie[46] zugrunde liegende Modellsicht

---

41 Ähnlich auch Meissner (1988, 79 f.).

42 So greift etwa Hahn (1990, 30) die ältere These der Marktaffinität des Unternehmenssektors erneut auf; zu Recht kritisch hierzu Streissler (1993, 99).

43 Bürokratietheoretische Modelle mit umweltpolitischem Bezug liefern u. a. Downing (1981); Magat/Krupnick/Harrington (1986); Porter (1988); Mohr (1990) sowie Horbach (1992) m. w. N.

44 Zu neueren Ansätzen einer ökonomischen Theorie der Umweltverwaltung im Überblick Gawel (1995c); differenzierter auch Joseph (1995, 132 ff.) sowie bereits Holzinger (1987).

45 Niskanen (1973, 350); siehe auch Holzinger (1987, 55 ff.).

46 Siehe zu den Grundlagen der ökonomischen Theorie der Bürokratie bereits von Mises (1944); grundlegend Tullock (1965); Downs (1967); Niskanen (1971), ders.

eines vom (budgetbewilligenden) „politischen System" getrennten „bürokratischen Systems", das Umweltgesetze gegenüber den Normadressaten durchzusetzen hat,[47] zeichnet jedoch ein zu ungenaues Bild von dem meist mehrstufigen Normsetzungsprozeß sowie der komplexen Behördenstruktur in föderativ verfaßten Staaten.[48] Insbesondere muß (1) zwischen *planender Ministerialbürokratie* und *vollziehender Verwaltung*, (2) zwischen fachspezifisch orientierten *Ressorts* einer einzelnen bürokratischen Organisation (z.B. der ministerieller Gliederung unterliegenden Regierung als „Administrative") sowie (3) zwischen exekutiven Organen *unterschiedlicher föderativer Ebenen* unterschieden werden. Erst eine solche differenzierte Wahrnehmung binnenadministrativer Interessenstrukturen[49] läßt eine empirisch gehaltvolle Analyse des Verwaltungshandelns überhaupt zu.

Hinsichtlich bürokratischer Organisationen wird üblicherweise eine gewisse Distanz gegenüber marktlichen Steuerungsverfahren vermutet ($du_{III}/dM < 0$):[50] Soweit diese ihre Mitwirkung an der Problemdefinition, die instrumentelle Ausgestaltung umweltpolitischer

(1973); Blankart (1975); Roppel (1979); Breton/Wintrobe (1982); Thürmer (1984) sowie Holzinger (1987, 12 ff.); Eichhorn/Friedrich (1976, 104 ff.); Friedrich (1984, 952 ff.); im Überblick auch Orzechowski (1977). Umweltpolitische Anwendungen bieten im deutschsprachigen Raum insbesondere Holzinger (1987) und Horbach (1992); siehe auch die in FN 43 genannte modelltheoretische Literatur.

[47] So mustergültig bei Horbach (1992, 159 ff.), der bürokratische Aktoren – in Übereinstimmung mit der gängigen ökonomischen Literatur – auch lediglich auf subalterner Vollzugsebene verortet. Zur Unhaltbarkeit dieser Beschränkung beispielhaft Sandhövel (1994b), der exemplarisch den überragenden Einfluß der Ministerialbürokratie bei Programmformulierung und Problemdefinition beleuchtet. Ähnlich im übrigen bereits mit Blick auf kommunale Fachbehörden Hucke/Müller/Wassen (1980, 116 ff.); hierzu auch Joseph (1995, 162 f.).

[48] Erste Ansätze zu einer differenzierteren ökonomischen Analyse der Umweltschutzbürokratie lieferten im deutschprachigen Raum Holzinger (1987) sowie insbesondere Horbach (1992) und Joseph (1995); diesbezüglich eher global und spekulativ bleiben Frey (1992, 133 f.) oder Wicke (1983); Knödgen/Uppenbrink (1984); zur Interessenanalyse öffentlicher Verwaltungen im allgemeinen auch Mayntz (1985); Alexy/Gotthold (1980).

[49] Zu empirischen Studien zur Akzeptanz umweltpolitischer Instrumente in der Umweltverwaltung siehe insbesondere Holzinger (1987), Ullmann (1982). Zu bürokratischen Interessen speziell im Einnahmenbereich auch Brennan/Buchanan (1980).

[50] So z. B. Fürst (1978); ders. (1994); Gawel (1992a); Frey (1992).

Strategien sowie den ihnen obliegenden Vollzug zur Durchsetzung spezifischer Eigeninteressen instrumentalisieren, stehen ökonomische Ansätze, die auf einer Reduzierung der allokativen Einflußmöglichkeiten hoheitlicher Instanzen zugunsten marktlicher Selbststeuerung basieren, in offensichtlichem Konflikt zum Geltungsbedürfnis und zum Gestaltungswillen exekutiver Organe. Deren Interessen werden vielmehr in der ständigen Ausweitung der Verfügungsmacht über Sachmittel und Personalbestände sowie der Erringung eines originären Kompetenzbereiches erblickt, welcher durch weite Ermessensspielräume begründet und durch mittels vorteilszuführender Leistungsgewährung geschaffene Abhängigkeiten gesichert wird. Als dominante Verhaltensimpulse gelten daher die Mehrung der Ressourcenkontrolle durch das betreffende Ressort sowie die Vermeidung mit „politischen Kosten“ verbundener Konfliktlagen.[51] Eine konfliktscheue und informationsbedürftige Verwaltung tendiere überdies durch Segmentierung der Problem- und Informationsverarbeitung, Bevorzugung von Routinen und Habitualisierung spezieller Kommunikationskanäle zur Befriedigung klientelischer Interessen und zur Orientierung am status quo (LEHNER 1981, 128 ff.). Neuartige Steuerungsformen, die selektiv belasten, selbststeuernd verfahren und kaum Konfliktventile über informale Verhandlungswege bieten, müssen unter diesen Bedingungen mindestens mit dem „Desinteresse administrativer Aktoren“ (FÜRST 1994) rechnen.

Interessenleitung und Verhaltensimpulse der *Wähler* können hingegen ökonomisch als besser erfaßt gelten; der regelmäßig hohe Öffentlichkeitsgrad von Umweltgütern sowie die damit einhergehenden Tendenzen zu Freifahrerverhalten (strategisch motivierte Nachfragezurückhaltung nach Umweltqualität) und Finanzierungsillusion (Wahrnehmungsverzerrungen über [instrumentenspezifische] Nutzen und Kosten des Umweltschutzes) lassen ein Wählervotum zugunsten pretial belastender Umweltprogramme nur unter bestimmten Rahmenbedingungen erwarten:[52]

– Die u. U. erheblichen Fehldeutungen unterliegende Einschätzung des individuellen Kosten-Nutzen-Status läßt eine Befürwortung

[51] Z. B. FÜRST (1978, 30 ff.); LEHNER (1981, 113 ff.).
[52] Vgl. BENKERT (1994).

von Abgabelösungen bereits einzelwirtschaftlich rational erscheinen;

- Mangelnde Selbstbetroffenheit läßt die Belastung bei anderen Gruppen vermuten und zugunsten „erzwungener umweltpolitischer Konformität" Dritter bei eigener *free-rider*-Haltung votieren;
- Schließlich mag die Einsicht in den eigenen Beitrag zur Perpetuierung der umweltpolitischen Rationalitätenfalle eine Selbstbindung im Wege der Erhebung einer Zwangsabgabe nahelegen (analog zur „taxation of sin"); auf diese Weise können individuelle und kollektive Rationalität zwangsweise in Übereinstimmung gebracht werden.

Dabei wird die Gesamtheit der Wähler üblicherweise dissoziiert in die Teilgruppen der „Verursacher" und der „Nur-Konsumenten von Umweltqualität", welche als „reine" Nutznießer von Umweltgütern streng verursacherorientierter Belastung positiv gegenüber stehen (z.B. bei Caesar 1994). Es bleibt dann eine Frage der zuvor bereits erörterten politischen Artikulations- und Durchsetzungsfähigkeit, ob die häufig zahlenmäßig unterlegene, aber homogen strukturierte und hoch organisierte Verursachergruppe (kleine „homogene" Gruppe) auch aus dem demokratischen Mehrheitsspiel siegreich hervorgehen kann.[53] Allerdings bleibt hierbei der Filter der Repräsentativität zu beachten: Auch über Umweltabgaben erfolgt keine Programmabstimmung, wie die Theorie öffentlicher Güter häufig implizit unterstellt; der Wählerwille unterliegt vielmehr der Mediation über ein komplexes politisch-(vor-)parlamentarisches System, das den Zusammenhang zwischen Wählervotum und einzelnem Programmgesetz bis zur Unkenntlichkeit lockert.

Aus der Interaktion mit Wählerinteressen wird dann üblicherweise für *Politiker* unterstellt,[54] diese seien mit Blick auf erfolgreiche Wahlausgänge vorrangig daran interessiert, sich rasch offenbarende, für den Wähler sichtbare und den politischen Initiatoren zurechenba-

---

[53] Diese asymmetrische Durchsetzungsfähigkeit von Interessen im umweltpolitischen Prozeß betont Paul (1986, 454).

[54] Siehe dazu auch den Überblick polit-ökonomischer Verhaltensmuster politischer Mandatsträger bei Joseph (1995, 162 ff.).

re Erfolge vorzuweisen, wobei die hierzu erforderlichen Kosten durch breite Streuung unter die politische Merklichkeitsschwelle gedrückt werden sollen (Frey 1992, 135). Zugleich bestehe ein Bedarf an eher symbolischem Aktionismus, der die konsequente Durchführung und Absicherung umweltpolitischer Programmatik hinter deren öffentlichkeitswirksamer Einbringung zurücktreten läßt. Politisches Handeln ist damit „inputorientiert" (Frey 1992, 136.) und in besonderer Weise an der bloßen Inszenierung gesellschaftlichen Sein-Sollens interessiert.[55] Ökonomische Umweltlenkungsverfahren, deren Wirksamkeit die Bewältigung komplexer Kausalketten voraussetzt, die mithin einen gewissen Zeitbedarf erfordern, ferner durch ihre dezentrale Wirkungsweise an politischer Zurechenbarkeit einbüßen und zudem durch Anlastung externer Schäden verteilungspolitisch selektiv und merklich belastend wirken, büßen daher bei der politischen Behandlung des Umweltproblems an Attraktivität deutlich ein.[56]

3. Systemstruktur

Neben der Festlegung einer *Indexmenge I* relevanter Akteure muß eine *Modellstruktur* Auskunft über die jeweiligen Interaktionsmuster der einzelnen Akteure geben. Hierfür kommen aus ökonomischer Sicht im wesentlichen in Betracht (Abb. 2):

(1) *Wählerstimmenmarkt*: „Politische Unternehmer" bieten nach dieser Vorstellung auf Stimmenmärkten die von Wahlberechtigten nachgefragte politische Programmatik an. Obgleich die ökonomische Stilisierung politischer Wahlprozesse zwischenzeitlich erheblich an Glanz eingebüßt hat[57] und mittlerweile differenzierte ökonomische Modelle politischer Interaktion an ihre Stelle getreten sind, bleibt doch der Kern einer – insoweit analog zum Koordinationsprozeß wirtschaftlicher Gütererstellung gesehenen – Präferenzorientierung des politischen Outputs bestehen.

---

[55] Hierzu u. a. Hegenbarth (1981); Kindermann (1988); Holtschneider (1992, 138 ff.); grundlegend Edelman (1990).

[56] Mit Blick auf Umweltabgaben etwa Blankart (1993, 421 ff.); ähnlich Frey (1992, 132 ff.).

[57] Bereits Downs (1968) liefert wesentliche Modifikationen seines idealisierten Grundmodells. In neuerer Zeit Holcombe (1985).

Imperfektheiten des politischen Wettbewerbs (Informationsasymmetrien, Vermachtung politischer Märkte oder Unzulänglichkeiten der Abstimmungsregeln), die die Anbindung politischen Handelns an die Wählerpräferenzen lockern, eröffnen Spielräume für politische Amtsträger, sich Renten von Bürgern (bzw. Gruppen von Bürgern) zur Erreichung ihrer Ziele anzueignen.[58] Neuere Theorie-Ansätze betrachten Politiker daher auch als „Transfer-Makler", die Verfügungsrechte von schlecht organisierten und daher widerstandsschwachen zu gut organisierten, mithin durchsetzungsstarken Interessengruppen transferieren und sich dabei einen Teil der Transfermasse anzueignen versuchen.[59]

(2) *Lobbying*: Produzenten und Konsumenten sind in ihrer ökonomischen Aktivität zwar staatlich-rahmensetzender oder imperativer Autorität unterworfen, können jedoch selbst über Interessensartikulation auf die Spielregeln des Systems Einfluß zu nehmen versuchen. Der institutionelle Bedingungsrahmen wirtschaftlichen Handelns wird damit selbst zum Gegenstand ökonomischer Aktivität: In vielen Fällen erscheint es lohnend, Ressourcen bspw. in politische Arenen zu realloziieren, um Änderungen der Marktbedingungen zu erzielen, die größere Grenzvorteile versprechen als rein ökonomische Marktanpassungen unter den jeweils vorgefundenen rechtlich-institutionellen Bedingungen. Neben den Stimmenmarkt tritt damit eine weit effektivere Lobby-Interaktion, die gezielt auf die staatliche Programmformulierung einzuwirken vermag. In beiden Fällen wird die Partizipation am politischen Prozeß gesteuert durch Einkommensaspirationen, die nicht durch ökonomische (*profit-seeking*) sondern durch politische Aktivitäten (*rent-seeking*) realisiert werden sollen.[60] Dabei ist es zweckmäßig, die Interessensdurchsetzung auf Lobbying-Unternehmer zu delegieren, die sich – etwa als Verband – auf die Wahrnehmung der Interessen ihrer Klientel im politisch-aministrativen Raum spezialisiert haben (*Interessengruppen*).

---

[58] Vgl. Blankart (1975, 173 f.).

[59] Vgl. grundlegend die Darstellung bei McCormick/Tollison (1981, 18 ff.)

[60] Grundlegend zum Rent-seeking-Ansatz Tollison (1982); Tullock (1993). Zur Abgrenzung von *rent-seeking* und *profit-seeking* Buchanan (1980). Lobbying-Aktivitäten mit Blick auf die Umweltpolitik behandeln in jüngster Zeit u.a. Bartsch/Rauscher/Thomas (1993).

Abb. 2: *Schematische Systemstruktur polit-ökonomischer Interaktion*

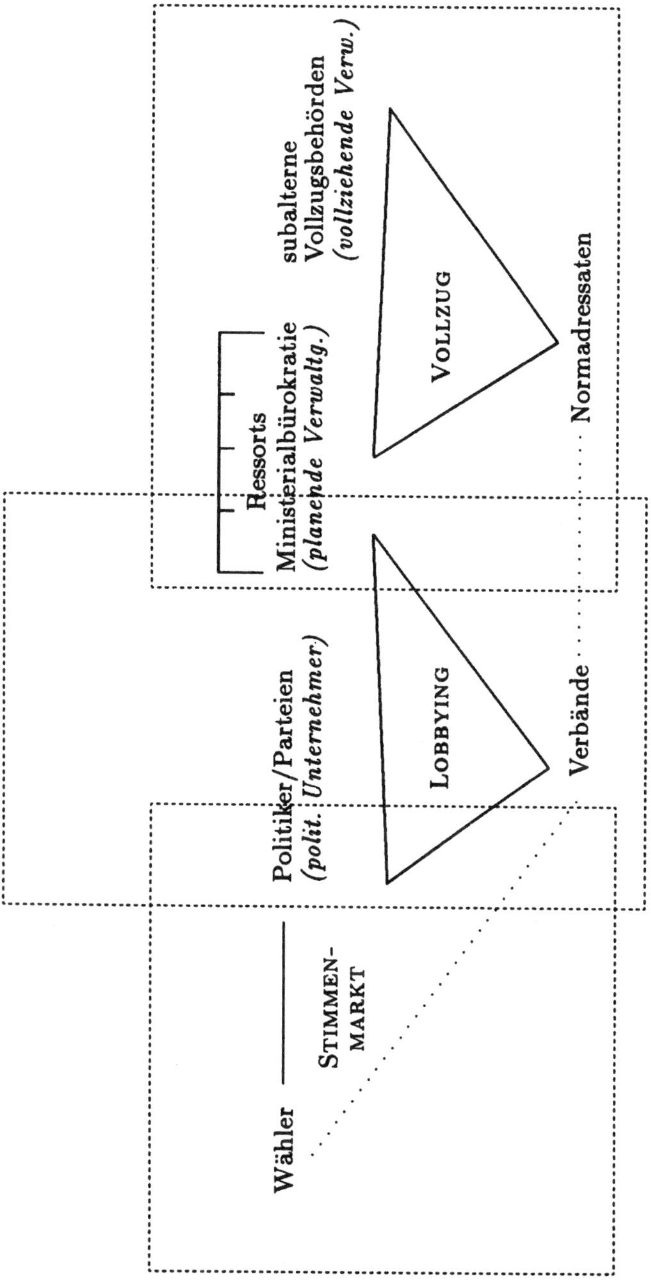

(3) *Vollzug*: In einer engen Vollzugsabgrenzung, wie sie der ökonomischen Theorie zugrunde liegt, wird schließlich „Vollzug" (*enforcement*) als bipolares Interaktionsschema begriffen, bei dem nunmehr abschließend getroffene Verhaltensanweisungen hoheitlicher Instanzen auf ökonomisch rationale Normadressaten treffen, die ihre Befolgungsbereitschaft (*compliance*) von der individuellen Vorteilhaftigkeit der Verhaltensauflage abhängig machen. Normbefolgung oder Normverstoß gelten hier als Ergebnis des eigentlichen Vollzugsprozesses, während zuvor bereits das Zustandekommen und die Formulierung der Norm ökonomisch modelliert wurden.

Während polit-ökonomische Analysen traditionell bevorzugt Wählerstimmenmärkte betrachten haben, gewinnen mittlerweile auch Lobbying- und Vollzugsprozesse stärkere Aufmerksamkeit. Allerdings bleiben die entsprechend partial angelegten Analysen durchweg unverbunden, so daß jeweils wesentliche Teile des Implementationsprozesses ausgeblendet bleiben. Zwar kann nicht gefordert werden, daß ein modellhaftes Abbild des politischen Prozesses zugleich alle Teilbereiche verknüpft und in einem hierarchisch-sequentiellen Instanzenzug zusammenfaßt; wohl aber darf man erwarten, daß die beschränkte Aussage- und Erklärungskraft partieller Phasen- und Arenenbetrachtungen des politischen Prozesses vor dem Hintergrund einer derartigen Gesamtperspektive deutlicher wird. Je nach betrachteter Konstellation treten dabei naturgemäß Personalunionen von Individuen auf, die im Implementations-System in unterschiedlichen Rollen auftreten, so etwa Konsumenten und Produzenten zugleich als Wähler und als Prinzipale für verbandliche Interessenwahrnehmung.

Aus implementationstheoretischer Sicht erscheint dieses Feld längst hinreichend bestellt: Der politische Prozeß, über den staatliche Steuerung ins Werk gesetzt wird, zerfällt nach dieser Sicht zunächst in eine auf die ökologische Problemerkennung und -artikulation folgenden Phase der Politik- und Programmformulierung; in dieser Phase, in der die umweltpolitische Zielfixierung und Entwicklung instrumentell spezifizierter Programmstrukturen angesiedelt sind, begegnen sich politische Entscheidungsträger und planende Exekutive in Gestalt der Ministerialbürokratie einerseits (Programm-Anbieter) sowie die Interessenverbände und die Wahlbürger andererseits

Abb. 3: *Implementationsprozeß in schematischer Form*

Dimension / Phase	*Akteure*	*Struktur*: Arenen	Handlungs-ressourcen	Handels-objekte	Offenheit des Handlungs-feldes
POLITIKFORMULIERUNG (Bereich der Programmgenerierung)	Polit. Unternehmer Wähler Verbände Bürokraten ...	öff. Diskurs/Medien Wahlen Klientelbeziehungen Fachgremien Wissenschaft ...	Information Glaubwürdigkeit Zugangsberechtigung zu Arenen ...	Problemdefinition Alternativenraum/ Alternativenevaluierung Normgenerierung	↓
IMPLEMENTATION I. E. S. (Bereich der Umsetzung)	Bürokraten Normadressaten Verbände ...	Fachgremien bilaterale Verh. lokale Öffentlichk. Gerichte	Information Sanktionsmacht Rechtsprechung Budgets	Normspezifizierung Fristen ...	abnehmend
INZIDENZ (Wirkungs-Bereich)	Unternehmer Konsumenten ...	Märkte	Marktmacht	Marktvariablen (Preise, Mengen)	↓

(Nachfrager von Regulierung). In der sich anschließenden Implementationsphase im engeren Sinne, der die Durchführung der auf den vorgelagerten Stufen beschlossenen politischen Programme obliegt, interagieren bevorzugt subalterne Vollzugsbehörden unmittelbar mit den Normadressaten in bilateralen Beziehungen,[61] aber auch in starkem Maße bürokratische Einheiten untereinander.

Für jede dieser – zusätzlich miteinander verknüpften und bisweilen zeitgleich oder in iterativen Sequenzen ablaufenden – Phasen können spezifische Akteure, Handlungsressourcen, Interaktions-Arenen und Handelsobjekte identifiziert werden, die den politischen Output schrittweise aus dem Interaktionsprozeß ableiten lassen. Abb. 3 zeigt in schematischer Form ein solches Implementationsgefüge.

Als „Arena"[62] gilt dabei das spezifische *institutionelle Bedingungsgefüge für politische Allokationsprozesse als Handlungsraum für individuale bzw. partikulare Interessensdurchsetzung*. Eine Arena kann aus ökonomischer Sicht als *politisiert* gelten („politische Arena"), sofern stärkere Wechselwirkungen mit Wählerstimmenmärkten bestehen, d.h. einem Handlungsfeld, das dem Koordinationsverfahren des über Wahlen realisierten *Mehrheitsprinzips* gehorcht. Hiermit verbunden sind i. d. R. auch spezielle Strukturmerkmale des Handlungsfeldes, z.B. höherer Öffentlichkeitsgrad etc. Der politischen steht die *fachliche Arena* gegenüber, die nach dem Prinzip fachlicher Autorität organisiert wird und von Expertenzirkeln unter weitgehendem Ausschluß der Öffentlichkeit dominiert wird.

Will man die einzelnen ökonomischen Teilmodelle der NPÖ diesem System zuordnen, so sind Wählerstimmenmärkte und Lobbying zunächst auf der Ebene der Problemartikulation und Programmformulierung angesiedelt. Die Implementation i. e. S. unterliegt vorzugsweise dem Einfluß „vorteilssuchender" Gruppen und Individuen; z.B. in Form von Klientelisierung der Fachbehörden, die institutionalisierte Kommunikationsformen zu den Adressaten ihres Verwaltungshandelns ausbilden. Die ökonomische Vollzugstheorie schließlich nimmt sowohl Implementations- als auch finale Wirkungsaspekte auf subalterner Ebene ins Visier.

---

[61] Siehe z. B. Mayntz (1980, 238) oder Fürst (1978, 15).

[62] Zum Arenenkonzept u. a. Lowi (1978).

Die dargestellte komplexe Implementationsstruktur schrumpft hingegen in einem einfachen polit-ökonomischen Entscheidungsmodell zur Maximierung der Wohlfahrtsfunktion w eines „Regulators" zusammen, welche die Wertschätzungen u_i[63] der n als relevant betrachteten Interessensakteure $i = 1, \ldots, n$ additiv unter Verwendung eines (politischen) Wägungsschemas $(\mu_1, \ldots, \mu_n)$ zusammenfaßt:[64]

$$(2) \qquad \max_{(Q,M)} w\,(Q,M \mid \underline{\mu}) = \mu_1 u_1(Q,M) + \ldots + \mu_n u_n(Q,M)$$

Das durch den Parameter-Vektor (Q^*,M^*) charakterisierte optimale Umweltprogramm ergibt sich dann als Resultante dieses Maximierungsproblems, wobei die Lösung sensitiv auf die Wahl des parametrischen Interessen-Gewichtungssystems $\underline{\mu}$ reagiert, z.B. als Folge eines politischen Erstarkens von Umweltschutzgruppen.

Die positive ökonomische Regulierungstheorie hat zwischenzeitlich verschiedene Versuche unternommen, die Schlüsselgröße derartiger „politischer Unterstützungsfunktionen", den Gewichtungsvektor $\underline{\mu}$, auch verhaltenstheoretisch zu fundieren.[65] An die Stelle bloß postulierter Einflußwerte treten dann ökonomisch interpretierbare Gewichte, welche die Einflußnahme von Interessengruppen als ökonomische Verflechtung zwischen partikularem Nutzen u_i und sozialem Wohlfahrtsmaß w abzubilden versuchen.

IV. Morphologie des Abgabenwiderstandes

1. Überblick und Systematisierung

Eine Anwendung des unter III. vorgestellten umweltpolitischen Modells auf den Einsatz von Abgaben muß die Akteure, ihre Kosten-/Nutzen-Überlegungen, die Struktur der Entscheidungsfelder

[63] Die zunächst rein intrapersonal gedachten Wertschätzungen veredeln sich über politische Arenen gleichsam zu politischen „Einflußeinheiten", die in Gestalt von Unterstützung im öffentlichen Diskurs, Stimmen, Spenden, Informationsbeschaffung etc. für den Regulator beachtlich sind - vgl. MITCHELL (1990, 90 f.); MITCHELL/MUNGER (1991).

[64] In dieser Form ähnlich bei HAHN (1989b), (1990). Daß sich dieser Ansatz formal in beliebig komplizierter Form präsentieren läßt, ohne dabei den Aussagegehalt nennenswert zu erhöhen, wird bei HORBACH (1992, 89 ff.) vorgeführt.

[65] So etwa in jüngster Zeit von GROSSMAN/HELPMAN (1994).

sowie spezielle Arenen für den Bereich der „Umweltabgaben" spezifizieren. In der bisherigen Diskussion herrschen die summarische, insbesondere arenenabstrakte Identifizierung von Akteuren (*die* Bürokratie, *die* Wirtschaftsverbände etc.) in Verbindung mit allenfalls plausibilitätsgestützten Nutzenspekulationen vor. Das Ergebnis einer derartigen Betrachtung kann zwar die Einsicht in aktorspezifisch variierende Nutzenprofile einzelner Politikprogramme und die daraus folgende Plausibilität geringer Durchsetzungswahrscheinlichkeit von Abgaben sein; eine exakte Ableitung der Politikergebnisse will auf diese Weise naturgemäß nicht gelingen. Hierzu wäre es erforderlich, eine arenenspezifische Analyse vorzunehmen, die klärt, auf welcher Stufe mit welchem Politikoutput jeweils zu rechnen ist. Auch müßten Aktor- und Systemkonstellationen je instrumentenspezifisch identifiziert werden, da beispielsweise die Durchsetzung von Lizenzkonzepten anderen institutionellen Umsetzungsbedingungen unterliegt als etwa die Implementation einer Umweltabgabe oder die Statuierung individualverbindlicher Emissionsbegrenzungsnormen.

Im Rahmen eines komplexen Politik- und Implementationssystems, wie es zuvor ansatzweise skizziert wurde, kann sich das Erklärungsinteresse sinnvollerweise nicht mehr auf die einfache Entscheidungssituation „Einsatz von Marktinstrumenten: ja oder nein" beschränken. Gerade der Fall der Umweltabgaben lehrt, daß Implementationsprobleme mit der bloßen Verabschiedung eines umweltpolitischen Abgabengesetzes keineswegs überwunden sind – wenngleich damit wesentliche Hürden bei der Politikformulierung als bereits genommen gelten müssen. Wäre das Entscheidungsfeld tatsächlich in dieser einfachen Form einstufig und überdies dichotom organisiert, wie dies in zahlreichen ökonomischen Beiträgen zum Ausdruck kommt, die Umweltabgabe müßte hinsichtlich ihrer Durchsetzungschancen noch als vergleichsweise erfolgreiche ökonomische Lenkungsstrategie der Umweltpolitik gelten: In vielen Ländern werden Umweltabgaben erhoben, speziell in der Bundesrepublik existieren verschiedene Abgabeformen mit umweltpolitischen Bezug (Abwasser, Naturschutz etc.), und der Diskussionstand in Sachen Umweltsteuer verweist zumindest im Energie- und Abfallbereich auf neue Abgabetatbestände der näheren Zukunft.

Das oben skizzierte, stark differenzierte Politikmodell sollte vielmehr auch theoretisch den Blick dafür schärfen, daß sich die Abwehr des Marktprinzips keineswegs in der Verhinderung entsprechender Programmgesetze erschöpfen muß. Die empirischen Beobachtungen führen auf eine *Morphologie des Abgabenwiderstandes*, der neben der anfänglichen Ja-/Nein-Entscheidung, ob Abgaben zur Problemlösung herangezogen werden sollen, vor allem deren *Ausgestaltung* als Einflußvariable einsetzt – im Modell vereinfacht zum eindimensionalen Parameter M. Der Blick auf die bundesdeutsche Abwasserabgabe verdeutlicht, daß auch jenseits einer legislativen Entscheidung zugunsten einer Abgabenlösung Spielräume für nahezu beliebige Gestaltungen der Marktnähe eines Abgabenprogramms bestehen.

Wir wollen daher in diesem Zusammenhang unterscheiden zwischen *Programmwiderständen*, die die Aufnahme von Abgabetatbeständen in ein umweltpolitisches Maßnahmenpaket gänzlich zu hintertreiben oder durch Mitwirkung an der Formulierung des konzeptionellen Auftrages zu deformieren suchen, ferner *Implementationsbarrieren*, die bereits Gesetz gewordene Abgabepflichten durch interessenpolitische Einwirkung in ihrer Belastung zu mildern bestrebt sind, *Vollzugsbarrieren*, welche die Einsetzung eines leistungsfähigen und zeitnahen Abgaben-Festsetzungs- und Inkasso-Systems im Wege zeitzehrender Einreden, über Einflußnahmen auf den Schuldermittlungsprozeß oder durch Mobilisierung deliktischer Widerstandsformen systematisch zu unterminieren trachten, und schließlich *Wirkungsbarrieren*, die die programmadäquate Auswirkung der Zahllast über marktliche Prozesse (z.B. Überwälzung) zu unterlaufen sich anheischig machen.

Die folgenden Überlegungen gehen davon aus, daß zur Lösung eines umweltpolitischen Problems die Entscheidung zur Auflage eines Regulierungsprogrammes bereits getroffen worden ist. Interessenpolitisch motivierte Bestrebungen, durch öffentliche Diskursteilnahme die Problemwahrnehmung und Problemdefinition dahingehend zu beeinflussen, einen gesellschaftlichen Handlungsbedarf generell in Abrede zu stellen oder zumindest ein staatliches Tätigwerden zu erübrigen, mögen damit bereits erfolglos geblieben sein. Dann bleibt allerdings die Frage, welchen Einflußnahmen die Formulierung und Durchführung eines solchen Programmes jeweils noch unterliegt und welche Chancen speziell *Abgaben* hierbei eingeräumt werden können.

2. *Ein polit-ökonomisches Leistungsfähigkeitsprofil der Umweltabgabe*

a. Methodische Probleme eines abgabenspezifischen Kosten-/Nutzen-Profils

Der zentrale Ansatz polit-ökonomischer Implementationserklärungen sieht die Durchsetzungschance politischer Programmatik in Abhängigkeit von der jeweils gelingenden Bedienung partikularer Interessen relevanter Akteure. Wie sieht nun das Verteilungs- und Lastprofil einer Abgabenlösung konkret aus? Betrachten wir hierzu in einem ersten Schritt die zugunsten von Abgaben angeführten Begünstigungsmomente im politischen Prozeß etwas näher: Zunächst werden sich einige „Vorteile" im Rahmen einer instrumentellen Differentialanalyse verflüchtigen, da sie nicht à conto des betreffenden Instruments gehen, sondern vermöge der durch sie vermittelten Zielerfüllung eintreten. So kann wohl eine Umweltabgabe als Positivum kaum für sich in Anspruch nehmen, angesichts der durch sie angestrebten höheren Umweltqualität bevorzugt eingesetzt zu werden:[66] Der Wunsch nach höherer Umweltqualität gab den Anlaß zur Programmdurchführung; ihre Realisierung zeichnet daher die Abgabe allenfalls unter Effektivitätsgesichtspunkten gegenüber anderen denkbaren Instrumenten aus – wie bekannt ist, allerdings eher zu ihren Lasten. Auch die „Wählerzustimmung durch (über Abgabenprogramme signalisierte, *d. Verf.*) umweltpolitische Aktivität"[67] vermittelt ohne weiteres keine abgabenspezifische Begünstigung durch politische Unternehmer. Vielmehr wäre zu klären, welche Aspekte politischen Handelns politische Zustimmung sichern bzw. Ablehnung minimieren. Sieht man derartige zustimmungsheischende Programmerkmale in Maßnahmen mit hoher symbolischer Aufladung und

---

[66] So deutet etwa BENKERT (1994, 57) die durch Abgabenerhebung ausgelöste Qualitätsverbesserung als einen der Abgabe anrechenbaren und tatsächlich angerechneten Vorteil.

[67] BENKERT (1994, 57).

geringer Belastungsmerklichkeit, so dürfte die Zustimmung zu einem maßgeblich von Abgabenpflichten getragenen Umweltprogramm rasch erodieren, da sie keine Aushandlung der Belastung in entpolitisierten und druckempfindlichen Arenen erlaubt und eine weitaus höhere Merklichkeit aufweist. Auch hier ist die positive Besetzung politischer Aktivität (Handlungszwang) zunächst instrumentell abstrakt und erfährt auf der Mittelebene verstärkende bzw. dämpfende Effekte – im Falle der Abgabe wegen des offenen Belastungsausweises aber wohl gerade im negativen Sinne.

Weiterhin gebricht es dem zentralen Promotionsargument für abgabengestützte Umweltpolitik, der Erhöhung gesamtwirtschaftlicher Wohlfahrt, an interessenpolitischen Transistoren: Effizienzvorteile diffundieren im überindividuellen Zusammenhang und gestatten – zumindest bei Abgaben – i.d.R. keine individuelle Vorteilsvereinnahmung: Soweit aber die Interessenartikulation und politische Einflußnahme auf individuell zurechenbare Netto-Vorteile zurückgeht, erweist sich „Effizienz" als Größe, die jenseits politisch relevanter Kategorien inzidiert. Für Unternehmen als potentielle Abgabenschuldner zählt nicht die gesamtwirtschaftliche Effizienz, sondern die individuelle Belastung eines Instruments. Hier kommt bei Umweltabgaben verschärfend hinzu, daß individuelle Effizienzvorteile gerade durch den staatlichen Abgabentransfer abgeschöpft werden: Die „Deregulierungsdividende" marktlicher Selbststeuerung kann durch die Verursacher gerade nicht unmittelbar angeeignet werden:[68] Verursacher haben so zwar *innerhalb* eines Abgabenregimes ein Eigeninteresse an Umweltschutzmaßnahmen, nicht jedoch am Übergang zu einer Abgabenlenkung selbst.

Soweit marktliche Selbststeuerung stets den Vorzug der Mobilisierung von Eigeninteressen der Umweltnutzer an der Ressourcenschonung herausstreicht, wird dabei leicht übersehen, daß sich dieses Interesse nicht auf die Implementation eines solchen Anreizsystems er-

---

[68] In der Instrumentendiskussion wird daher auch regelmäßig herausgestellt, daß die betriebswirtschaftliche Belastung aus Abgaben (Anpassungskosten zuzüglich verbleibender Abgabenschuld) nur für besonders kostenungünstige Reiniger *individuelle Lastvorteile* gegenüber ordnungsrechtlichen Standardsetzungen versprechen – siehe OSTERKAMP (1975, 141), ENDRES (1985, 102). Zu diesem Problemkreis auch ausführlicher GAWEL (1991, 98 ff.) sowie bereits MERK (1988, 130 ff.).

streckt: Vielmehr werden hier Aktivitäten freigesetzt, die Errichtung eines entsprechenden institutionellen Anreizrahmens im Wege des Lobbying zu vereiteln. Bei *Abgaben* dürfte diese „institutionelle Anreizschwelle“ aus zwei Gründen besonders hoch liegen: zum einen aufgrund der besonderen Merklichkeit und Offensichtlichkeit des staatlichen Verknappungseingriffs, zum anderen als Folge des steuerungstechnischen Umstandes, daß die Effizienzvorteile dezentraler Umweltsteuerung im Regelfalle[69] – anders als etwa bei Kompensationslösungen[70] – nicht individuell angeeignet werden können, sondern als Mittelübertragung an den öffentlichen Sektor zusätzliche Kaufkraftverluste der Verursacher darstellen.

Doch selbst wenn man auf den einzelwirtschaftlichen Zugewinn an Flexibilität abstellen wollte (keine letztverbindliche Limitierung von Umweltverfügungsrechten mehr, interne Realisierung nach Minimalkostenkombinationen möglich etc.), erweist sich im instrumentellen Vergleich, daß ordnungsrechtliches Handeln hier ungleich günstigere Möglichkeiten eröffnet, da mit der einzelfallorientierten Aushandlung der Verfügungsrechteausstattung im Vollzug neben der eigentlichen Konkretisierung gerade auch wichtige Bestandteile von Zielvorgabe und Programmformulierung in den Gestaltungsbereich der Normadressaten rücken (vgl. auch FÜRST 1994).

Daß schließlich ein Mehr an budgetärer Verfügungsgewalt „Bürokraten“ zu Wohlwollen gegenüber Umweltabgaben bestimmen könnte,[71] erscheint ebenfalls wenig überzeugend, da zunächst einmal durch Bedeutungsverlust der Eingriffsverwaltung eine erhebliche Einbuße an Hoheitsmacht die Folge sein wird. Neben der Frage, ob mit substitutiv eingeführten Umweltabgaben überhaupt eine Ausdehnung des Verwaltungs-Budgets einhergeht (Pate steht hier wohl

---

[69] Lediglich Emittenten mit einer sehr kostenungünstigen Rückhaltetechnologie werden beim Übergang von einer Individualstandards setzenden ordnungsrechtlichen zu einer dezentralen Abgabenstrategie auch einzelwirtschaftliche Vorteile realisieren. Zu dieser einzelwirtschaftlichen Lastverteilungsdiskussion der Abgabenlenkung bereits OSTERKAMP (1975, 138 ff.), GAWEL (1991, 98 ff.) mit weiteren Nachweisen.

[70] Hier realisieren die Emittenten aus Abweichungen zu ordnungsrechtlichen Individualstandards durch Verhandlungen mit anderen Umweltnutzern stets individuelle Vorteile, soweit freiwillige Vereinbarungen zustande kommen.

[71] So erneut BENKERT (1994, 57).

die verbreitete, aber methodisch problematische Annahme, ökonomische Instrumente seien aufgrund ihrer lenkungspolitischen Prätention „aufwendiger"[72]), bleibt bei einer differenzierten Sicht binnenadministrativer Strukturen erheblich, welche Teile der Administration von Umweltabgaben budgetär profitieren. Hierbei ist zu unterscheiden zwischen Budgetausweitungen als Folge des Vollzuges von Abgaben (vermehrte Anstrengungen zur Einziehung der Zahllast etc.) und Budgetmehrungen durch Aufkommenserzielung. Soweit das Aufkommen in der Praxis regelmäßig von anderer Stelle vereinnahmt wird, treten hier bürokratische Organisationen oder Ressorts untereinander in Konkurrenz (Fürst 1994). Dies gilt in besonderem Maße, wenn die entscheidungsrelevante Programmebene ins Blickfeld gerät: Hier gelingt u.U. sogar eine Externalisierung von Vollzugs- und Widerstandskosten, soweit ausführende Einheiten (Länder-, Kommunalverwaltungen) weder auf die Programmgestaltung noch auf die Mittelverwendung Einfluß nehmen können. Unterschiedliche Ressorts (Umwelt, Finanz, Wirtschaft) und verschiedene gebietskörperschaftliche Ebenen bilden ein eigenes interessenpolitisches Subsystem aus, das bislang vernachlässigt wurde[73] und pauschalen Kosten-/Nutzen-Zuweisungen weitgehend die Grundlage entzieht.

b. Ein interessenpolitisches Belastungsprofil der Umweltabgabe

Welche polit-ökonomischen Besonderheiten einer Umwelt-Steuerung über Abgaben können statt dessen identifiziert werden?

Während für ordnungsrechtliche Politikmuster bereits eine „umgekehrte Wesentlichkeitstheorie" (Salzwedel, 1986, 57) konstatiert

---

[72] So etwa die gängige Praxisvermutung; in jüngerer Zeit erneut Fürst (1994, 40 f.). Einen hervorragenden wenngleich älteren Überblick zum Problemkreis der Handhabbarkeit und der differentiellen administrativen Kosten von Steuerungsmechanismen bietet Osterkamp (1975, 63 ff.).

[73] Die Bedeutung der Abgabenlenkung für Verwerfungen im binnenadministrativen Kompetenz- und Interessengefüge sowie die von ihr ausgehenden Modifikationen im Staatsaufbau betont auch Fürst (1994, 44 ff.). Auf die Bedeutung der Ressortfrage weist auch Benkert (1994, 53) hin. Die ökonomische Bedeutung der Tatsache, daß Nutzen und Kosten einer Umweltabgabe im Regelfalle nicht auf die erhebende Gebietskörperschaft begrenzt bleiben, thematisiert Kops (1994).

wird,[74] gilt für Abgabenprogramme, daß wesentliche Festlegungen, insbesondere Abgabegegenstand, -bemessungsgrundlage und Abgabesätze, im Rahmen förmlicher Gesetzgebungsverfahren rechtlich festzulegen sind.[75] Ungeachtet der Tatsache, daß auch im Abgabenvollzug in erheblichem Umfang ergänzende „Rechtsgestaltung" und Programmodifizierung Platz zu greifen vermag, gilt doch, daß wichtige (Vor-) Entscheidungen bereits auf der Ebene der Programmformulierung und damit in politischen Arenen getroffen werden: Charakteristisch für Abgabenprogramme ist mithin deren Beratung und Diskussion in *politisierten Arenen*;[76] dies gilt speziell für die (allerdings eher symbolisch geladenen) Abgabesätze.

Soweit jedoch über die Allokation *öffentlicher* (Umwelt-) Güter in politisierten Arenen befunden werden muß, ergeben sich die in der ökonomischen Theorie der Politik herausgestellten Mängel der finanzpolitischen Willensbildung, wie sie zuvor bereits mit den Stichworten Kosten-Nutzen-Dissoziation, Freifahrerverhalten und Finanzierungsillusion umschrieben wurden.

Damit einher geht eine vergleichsweise hohe *Spezifizierung* der Steuerung durch das Programmgesetz: Während ordnungsrechtliche Steuerung – wie bereits erwähnt – auf subalterner Vollzugsebene eine gestaltende Einflußnahme auf Zielvorgabe und Programmformulierung zuläßt, geben sich Abgabengesetze hinsichtlich der nachträgli-

---

[74] Gegenüber der traditionellen Verfassungsrechtslehre, derzufolge alles „Wesentliche" durch Gesetz zu normieren sei, finde sich im (ordnungsrechtlich geprägten) Umweltrecht vielmehr eine Situation, in der Wesentliches gerade nicht in förmlichen Gesetzgebungsakten kodifiziert sei: Hierzu zählt die zunehmende Verlagerung umweltrechtlicher Bestimmungen in den Bereich untergesetzlicher Regelungen (Rechtsverordnungen sowie in erster Linie die rechtsdogmatisch umstrittenen Verwaltungsvorschriften), wobei gerade Normen minderen formalen Ranges im Gesetzesvollzug oftmals erhebliche Wirkung entfalten; selbst unterhalb der Verwaltungsvorschriften erschließt sich im Umweltbereich ein weites Feld der in der rechtsdogmatischen Normschichtung zuunterst angesiedelten „Richtlinien" oder sonstiger Verlautbarungen exekutiver Organe mit außenorientierter Bindungsabsicht. Auch die Normungsaktivitäten Privater finden mangels staatlicher Setzung häufig noch als Rechtsquelle verwaltungsrechtliche Verwendung. Siehe dazu im Überblick GAWEL (1994b).

[75] Dies schließt freilich nicht aus, daß von der Gesetzesnorm nur unter Einschaltung aufwendiger Zwischenrechnungen auf individuelle Zahlungspflichten geschlossen werden kann – siehe hierzu mit Blick auf das bundesdeutsche Abwasserabgabengesetz GAWEL (1994c).

[76] So auch FÜRST (1994).

chen Konkretisierung und politischen Umdeutung erheblich spröder:[77] Hohe Vollzugsverbindlichkeit der gesetzlichen Programmaussagen erweist sich aber bei einem auf Kooperation angelegten, informalen Verwaltungsstil als hinderlich, soweit die programmatisch-gesetzlichen Vorgaben nicht mehr nur als unverbindliche Verhandlungs-Inputs für kooperatives Behördenhandeln sondern als letztverbindliche Exekutionsrichtlinien administrativer Tätigkeit zu verstehen sind (so auch FÜRST 1994, 40); hochgradig spezifizierte Umweltprogramme versetzen gleichsam vorweg die administrative Verhandlungsmasse, die subalterne Verwaltungsträger im bilateralen Verhandlungen mit den Normadressaten zur Disposition stellen könnten, um die nur durch Kooperation möglich scheinenden Vollzugserfolge zu erringen.

Abgaben verkörpern darüber hinaus in spezifischer Weise das Prinzip der „Marktnähe". Neben den hinreichend oft herausgestellten ökonomischen Besonderheiten gegenüber anderen umweltpolitischen Instrumenten (Preissteuerung, Einnahmebeschaffung etc.) sind mit der Umweltabgabe aber auch polit-ökonomische Besonderheiten der Regulierung verbunden. Der wohl wichtigste Aspekt in diesem Zusammenhang ist die *hohe Merklichkeit* der nur noch entgeltlichen Umweltnutzung: In Punkto „Merklichkeit" wird oftmals irrtümlich in Anlehnung an die finanzwissenschaftliche Steuerlehre eine geringe Spürbarkeit von Abgaben auf spezielle Umweltgüter vermutet.[78] Der Trugschluß liegt darin, daß die relevante Alternative nicht direkte Besteuerung (etwa von Einkommensteilen) sondern Verschleierung der Lasten über imperative Umweltpolitik und Weiterwälzung ihrer Anpassungslasten über Faktor- und Produktpreise bedeutet: Die volkswirtschaftlichen Kosten einer „Auflagenlösung" bleiben weitgehend unscheinbar, da zum einen die privaten Anpassungskosten der Normadressaten über einen nicht-pretialen Verhaltensbefehl („Technik-Standards") vermittelt werden und daher öffentlich nicht ausgewiesen werden müssen und es zum anderen in Höhe der nicht inkriminierten „Restverschmutzung" bei der diffusen

---

[77] Näher hierzu unter Abschnitt D.III.2

[78] So etwa bei BENKERT (1994, 53).

Belastung der Allgemeinheit mit externen Nachteilen durch Umweltnutzung bleibt.

Hiergegenüber weist eine spezielle Umweltabgabe gerade den politischen Nachteil der pretialen Offensichtlichkeit auf:

– Der für die Naturindienstnahme zu entrichtende Preis als Näherungswert für externe Schadwirkungen ist unmittelbar Gegenstand des staatlichen Regulierungseingriffes und damit eine öffentlich ausgewiesene Belastungsgröße. Die Kosten des Umweltschutzes ergeben sich hier nicht implizit durch dezentrale Anpassungsreaktionen der Normdestinatare – gleichsam als unvermeidliche, betraglich jedoch nicht näher bestimmbare und in ihrer Höhe vielmehr dem Einfallsreichtum der Nutzer überlassene Folge zwingender technischer Umweltschutzanforderungen. Bei Abgabenlösungen werden die Kosten des Umweltschutzes vielmehr staatlicherseits unmittelbar formuliert, öffentlich eingefordert und sind entsprechend politisch zu legitimieren.

– Mit der Erhebung der Abgabe gerade auch für die nicht unterlassenen Umweltnutzungen werden Lasten der Allgemeinheit – zumindest symbolisch – transparent und den nach gesellschaftlicher Entscheidung als Verursacher ausgemachten Nutzergruppen angelastet. Auch hier wird mithin eine gesellschaftliche Lastverschleierung erschwert.

Abgaben können daher vielmehr aus den genannten Gründen geradezu als Inbegriff des offenen Ausweises von Opportunitätskosten der Umweltnutzung gelten. Auch bei Lizenzen wird häufig die äquivalente Belastungskomponente übersehen, weil ihre Sichtbarkeit ökonomische Einsicht in die Wirkungszusammenhänge erfordert.[79]

---

[79] So wird das immer wieder zu vernehmende Argument angeführt, Umweltpolitik durch Abgaben wirke inflatorisch. Dies ist insoweit unzutreffend, als daß auf diese Weise insinuiert werden soll, alle übrigen Instrumente des Verursacherprinzips verhielten sich inflationsneutral. Inflatorische Impulse gehen nicht speziell von Abgabenpflichten, sondern von einer Umweltpolitik aus, die bislang externe Sozialkosten individuell anzulasten bestrebt ist und deren Ausweis in der jeweiligen Wirtschaftsrechnung erzwingt. Auch Lizenzen führen über die Verknappung von Rechten und den entgeltlichen Erwerb zu im übrigen gewollten Preissteigerungen umweltintensiv hergestellter Güter und Dienste. Ähnliches gilt naturgemäß auch für das Ordnungsrecht – freilich mit der Beschränkung auf das Ausmaß der angelasteten Norm-Anpassungskosten unter Freistellung der „Restbelastung“.

Auch unterliegen Abgaben in ihrem Doppelcharakter zwischen pekuniär überbrachtem Verhaltensbefehl (Lenkung) und Abschöpfung wirtschaftlicher Leistungsfähigkeit (Finanzierung) einem zweifachen Legitimationszwang, der aus der (rechtswissenschaftlichen) Wahrnehmung als duales Instrument folgt. Insbesondere die spezielle Qualität der Einnahmebeschaffung, die die Abgabe von anderen umweltpolitischen Instrumenten unterscheidet,[80] ruft im politischen Prozeß zugleich Widerstände und Begehrlichkeiten auf den Plan.

Ferner gehen von Umweltabgaben modifizierende Wirkungen im Staatsgefüge aus, da die pretiale Steuerungsform institutionell anders verortet wird als traditionelles ordnungsrechtliches Handeln.[81] Der wohl wichtigste Aspekt in diesem Zusammenhang betrifft die Tendenz zur Zentralisierung von Kompetenzen, da der Bund aufgrund seiner weitreichenden Gesetzgebungskompetenz im Bereich der Steuern (Art. 105 I und II GG) über preislich Hebel massiv in die Aufgaben des Umweltschutzes eingreifen kann, deren sachbezogene (Teil-) Kompetenzen größtenteils in den Händen der Länder bzw. der Gemeinden liegen (z.B. Gewässerschutz, Abfallwirtschaft etc.). Die instrumentelle Verschiebung des umweltpolitischen Interventionismus bedingt daher verfassungsrechtlich auch erhebliche Kompetenzverlagerungen hin zur Zentralebene.[82]

Schließlich verheißt eine Abgabe eine starke Affektladung („Strafsteuer") und einen bedeutenden Symbolgehalt, der nach anfänglich negativer Rezeption („Ablaßhandel") nunmehr wohl eher zustimmend aufgenommen wird, da sich vermittels Abgaben der Staat anheischig macht, Umweltverschmutzern durch Abschöpfungen empfindliche wirtschaftliche Nachteile zugunsten der Allgemeinheit zuzufügen. Der ökonomische Hebel scheint damit seine Stigmatisierung in der öffentlichen Meinung zunehmend ablegen zu können.

Polit-ökonomisch relevante Charakteristika der Umweltabgabe sind mithin zusammenfassend zu sehen in

---

[80] Zur Beschaffung von Einnahmen durch Umweltabgaben und dem damit verbundenen „double dividend"-Argument einer kombinierten Wirkungszweck-/Verwendungszweck-Abgabe u.a. TERKLA (1984); BALLARD ET AL. (1985); REPETTO ET AL. (1992); OATES (1993); ZIMMERMANN (1994); GOULDER (1994); jüngst im Überblick SCHÖB (1995) m.w. Nachw.

[81] Hierzu ausführlicher FÜRST (1994, 44 ff.)

[82] Dazu bereits GAWEL (1992b, 429).

- einem hohen *Symbolgehalt* einer Abgabenpflicht auf Umweltnutzungen, welche auch pönalisierende Wertungen transportiert,
- einer besonderen *Merklichkeit* der mit Umweltschonung verbundenen Einbußen durch offenen Ausweis administrierter Opportunitätskosten der Umweltnutzung,
- der *Politisierung* des Entscheidungsfeldes bei der Programmformulierung sowie
- der bei Abgabengesetzen generell hohen *Spezifizierung* im Programm (hohe Vollzugsverbindlichkeit) und der damit verbundenen *Störung des kooperativen Verwaltungsstils* informaler Verhandlungen,
- ferner der *Tendenz zur Zentralisierung* staatlicher Aufgabenwahrnehmung durch abgabengestützten Umweltschutz,
- schließlich der gleichzeitigen Beschaffung öffentlicher *Einnahmen* und dem daraus erwachsenden Handlungsspielraum einerseits sowie den durch *Abschöpfen der Deregulierungsdividende* ausgelösten Widerständen andererseits.

3. Eine Phasentypologie von Widerstandsformen

Aus den zuvor skizzierten interessenpolitischen Spannungsfeldern resultieren spezifische Widerstandsformen gegen das Programm angabengestützter Umweltlenkung. Diese werden arenen- und aktorspezifisch in unterschiedlichen Phasen der Implementation wirksam und führen zu jeweils typischen Erscheinungsformen des Politik-Outputs.

a. Programmbarrieren

Programmbarrieren erklären Widerstände bei den Leitfragen der Politikformulierung:

- Werden zur umweltpolitischen Problemlösung Umweltabgaben als zulässige Alternative überhaupt herangezogen (Zulässigkeitsfrage)? Welche Aktoren initiieren spezielle Umweltprogramme unter Einbeziehung von Abgabenpflichten (Initiativfrage)?
- Wie hoch wird dabei die Marktnähe veranschlagt (Ausgestaltungsfrage)? Bleibt die Variable *M* über die Implementationsstufen kon-

Abb. 4: *Programmbarrieren für Umweltabgaben*

Ebene	Zulassung als Programmbestandteil	Spezifizierung der Rolle im Programm	Spezifizierung der Komponente
Ziel	Umweltprogramm ohne Abgabepflicht	Umweltprogramm mit redundanter/unbedeutender Abgabepflicht	Umweltprogramm mit deformierter/entschärfter Abgabepflicht
Ausprägung	Inabredestellen der generellen/speziellen Lösungskompetenz (Abgaben kein Mittel der Umweltpolitik / für den in Rede stehenden Bereich)	Ergänzung statt Substitution	Ermäßigungen Fristen Verrechnungen symbolische Abgabensätze Verzahnung mit ordnungsrechtlichem Vollzug
	Einflußnahme auf differentielle Instrumentenevaluierung (Vorteile des O'rechts, Überlegenheit der Lizenzlösung etc.)	niedrige Abgabensätze	...
	...	...	
Ergebnis	„gescheiterte Umweltabgabe"	Phänotyp der opportunistischen Umweltabgabe	

stant oder zeigen sich systematische Verstärkungs- oder Abschwächungstendenzen?

- Wie steht es mit dem Explikationsgrad wesentlicher Programmstrukturen, d.h. enthält die in politischen Arenen getroffene Programmaussage alle wesentlichen Festlegungen oder bedarf es angesichts beträchtlicher Freiheitsgarde der impliziten Programmergänzung und -auffüllung durch nachgelagerte Implementationsinstanzen (Spezifizierungsfrage)?

Das Ergebnis versuchter Programmwiderstände ist die völlige Vereitelung von Abgabepflichten oder die hilfsweise Deformierung funktionaler Gestaltungen von Umweltabgaben. Abb. 4 faßt die Strategien zur Behinderung funktionaler Abagbelösungen auf der Programmebene exemplarisch zusammen.

b. Implementationsbarrieren

Widerstandsformen auf der (unterhalb eines in Gesetzesform gegossenen Umweltprogramms angesiedelten) Implementationsebene sind für ordnungsrechtliches Handeln des Staates mittlerweile hervorragend dokumentiert[83] und sollen daher an dieser Stelle nur kurz gestreift werden. Hierbei spielen neben der untergesetzlichen Pflichtenkonkretisierung (Grenzwertfestlegung in Verwaltungsvorschriften, Durchlaufen eines individuellen Genehmigungsverfahrens) u.a. auch Fristen eine ganz erhebliche Rolle.[84] Bei Abgaben jedoch besteht in diesem Bereich kaum Handhabe zur „gestaltenden Vollzugsaufweichung“: Es scheint vielmehr Kennzeichen von Abgabepflichten zu sein, daß kaum von der Programmebene losgelöste Aktions-

---

[83] Zum Phänomen des Vollzugsdefizits statt vieler nur MAYNTZ ET AL. (1978), in jüngster Zeit u. a. LÜBBE-WOLFF (1993).

[84] Neben der *Transformationsfrist*, die verstreicht, bis eine abstrakt-generelle Gesetzesnorm in die individualverbindliche Form konkreter Anweisungen übersetzt ist, steht die *Sanierungfrist*, die den Zeitraum umschreibt, innerhalb dessen die bloße Bemühung um Normentsprechung zur weiteren Duldung ihrer Nichteinhaltung durch die Behörde führt. In beiden Fällen sind erhebliche Ermessensspielräume selbst dort auszumachen, wo die sachliche Gestaltung von Umwelt-Verfügungsrechten dem Zugriff subalterner Exekutionsbehörden entzogen gilt. Zum Instrument der Fristentransformation im ordnungsrechtlichen Vollzug ausführlich GAWEL (1995a).

parameter bestehen, die wie beim Ordnungsrecht eine nachträgliche Lockerung des staatlichen Zugriffs gestatten würden. Hinderungsmomente müssen vielmehr im Programm selbst bereits angelegt sein, z.B. durch potentiell zeitzehrende Normverschränkung von Abgabepflichten mit verwaltungsrechtlichen Feststellungen.[85]

Ziel dieser Widerstände ist die nachträgliche Entschärfung durch Nutzung im Programm angelegter Hinderungsmomente („programmiertes Vollzugsdefizit") oder die Aktivierung programmwidriger Umgehungsstrategien in zeitlicher oder sachlicher Hinsicht, z.B. durch Verrechnung verbleibender Abgabeschuld mit geleisteten Vermeidungsaufwendungen.[86]

c. Vollzugs- und Wirkungsbarrieren

Noch weniger relevant erscheinen schließlich Widerstände im eigentlichen Vollzugsbereich oder Ausweichungsreaktionen nach Eintreten der Belastung: Während sich die vollzugsorientierte Abgaben- und Steuertheorie um die Aushöhlung von Abgabepflichten durch illegale Beschaffung von Emissionsfazilitäten (bzw. die Hinterziehung geschuldeter Geldbeträge) besorgt zeigt, offenbart der Blick in die Abgaben-Praxis, daß massive Vollzugsprobleme auftreten, noch bevor ein einziger rechtsverbindlicher Bescheid erlassen wurde, gegen den ein Abgabeschuldner (illegal) steuerausweichend vorgehen könnte (Gawel 1994c). Das Ziel von Vollzugswiderständen, abschließend statuierte Verhaltens- und Zahlungspflichten durch illegale Ausweichungsformen zu umgehen, erübrigt sich daher, soweit es bereits auf den vorgelagerten Widerstandsebenen gelingt, den zu formulierenden Verhaltens- bzw. Zahlungsbefehl zu entschärfen.

„Wirkungsbrüche" der Abgabenlenkung[87] schließlich, die im Schrifttum in der Vergangenheit stets breit erörtert wurden, spielen im hier verfolgten Zusammenhang keine Rolle, da an dieser Stelle nicht Insuffizienzen pretialer Steuerung, sondern die Einsetzung bereits deformierter Steuerungssignale erklärungsbedürftig erscheinen.

---

[85] Ausführlicher hierzu Gawel (1994c).

[86] Hierzu Gawel (1993).

[87] Siebert (1976a); ders. (1976b); Ewringmann (1984); in neuerer Zeit erneut Reichmann (1994).

4. Fazit

Zusammenfassend gilt daher, daß für Abgaben gegenüber anderen Instrumenten interessenpolitisch positiv lediglich die Aspekte

- relativ hoher *symbolischer und affektiver Gehalte* (früher als „Ablaßhandel" umstritten, heute als „Strafsteuer" begrüßt),
- der *Aufkommenserzielung* sowie
- der *Vollzugsunterstützung* imperativer Umweltpolitik

gelten können. Alle drei Aspekte sind ersichtlich vom Opportunitätskostenprinzip („Marktnähe") weit entfernt bzw. stehen hierzu sogar in einem gewissen Spannungsverhältnis.

Negativ machen sich hier hingegen

- die besondere *Merklichkeit* der staatlichen Verknappungsentscheidung durch Offenlegung von Opportunitätskosten in administrierten Preisen,
- der hohe *Grad der Politisierung* von Entscheidungsprozessen über die Allokation öffentlicher Güter,
- die besondere *Vollzugsverbindlichkeit* der Programmaussagen bei Abgabengesetzen und deren *nicht-kooperativer Verwaltungsstil* sowie
- die *Zentralisierungstendenz* umweltpolitischer Kompetenzen

bemerkbar.

Die aus diesem ambivalenten bis negativen Lastprofil gespeisten Widerstände werden primär auf der Programmebene virulent, die aus institutionellen Gründen – anders als bei ordnungsrechtlicher Maßnahmengewalt – die zentrale Arena für die Abgabengestaltung bildet. Damit gilt, daß entscheidende Widerstände gegen ökonomisch rationale Umweltabgaben weniger in ihrer programmatischen Abwehr (Programmformulierung I) und auch nicht in ihrer deliktischen Umgehung (Vollzug) liegen, sondern in deren konzeptwidriger und dysfunktionaler *Ausgestaltung* (Programmformulierung II).

V. Die politisch aussichtsreiche Umweltabgabe

1. Der Regulierungsoutput bei der Abgabenlenkung als Spiegel gesellschaftlicher Widerstände und Interessen

Aufgrund der skizzierten polit-ökonomischen Spezifika der Abgabenlenkung (Abschnitt IV.2) und den daraus resultierenden Widerstandsformen (Abschnitt IV.3) läßt sich ein ebenso spezifischer Politik-Output für Umweltprogramme unter Einbeziehung von Abgabentatbeständen ableiten (Abb. 5):

(1) Die lenkende Umweltabgabe scheitert bereits bei der Politikformulierung und kommt über die vorparlamentarische Debatte nicht hinaus oder wird noch im laufenden Gesetzgebungsverfahren ausgehebelt („*gescheiterte Umweltabgabe*").

(2) Es kommt ein Umweltprogramm unter Verwendung von Abgabepflichten zustande, das in seiner Gestalt und seinem Anspruch die gegen Abgaben gerichteten Widerstände spiegelt („*opportunistische Umweltabgabe*"). Diesem zweiten Typus wollen wir im folgenden näher nachgehen.

(3) In beiden Fällen aber bleibt die Abgabe – ggf. abstrakt als Marktlösung chiffriert – wohlwollend in der Diskussion, finden preisliche Hebel deklamatorische Befürwortung und das Programm marktlichen Umweltschutzes sorgende Anteilnahme („*affirmierte Umweltabgabe*").

Betrachten wir den zweiten Typus etwas näher, da er allein zu einem abgabenbezogenen Programmgesetz führt. Das Ergebnis der vielfältigen skizzierten Widerstandsformen formt hier im Rahmen einer polit-ökonomischen Typologie der Umweltabgabe gleichsam eine eigenständige Kategorie: Neben der „ökologischen" (= umweltpolitisch wirksamen) und der „effizienten" (= ökonomisch rationalen) Abgabe existiert offensichtlich eine weitere Form der „opportunistischen" Umweltabgabe, d.h. einer Abgabeform, die als „politisch aussichtsreich" (Benkert 1994) gelten kann. Diese ist dadurch gekennzeichnet, daß sie umweltpolitische Ziele nicht durch Optimierung eines gesamtwirtschaftlichen Wohlfahrtsmaßes (ökonomisch rationale Abgabe) oder unter unbedingter Wahrung der Zielvorganben (ökologisch wirksame Abgabe) zu erreichen verspricht, sondern

Abb. 5: *Genese polit-ökonomischer Typen von Umweltabgaben*

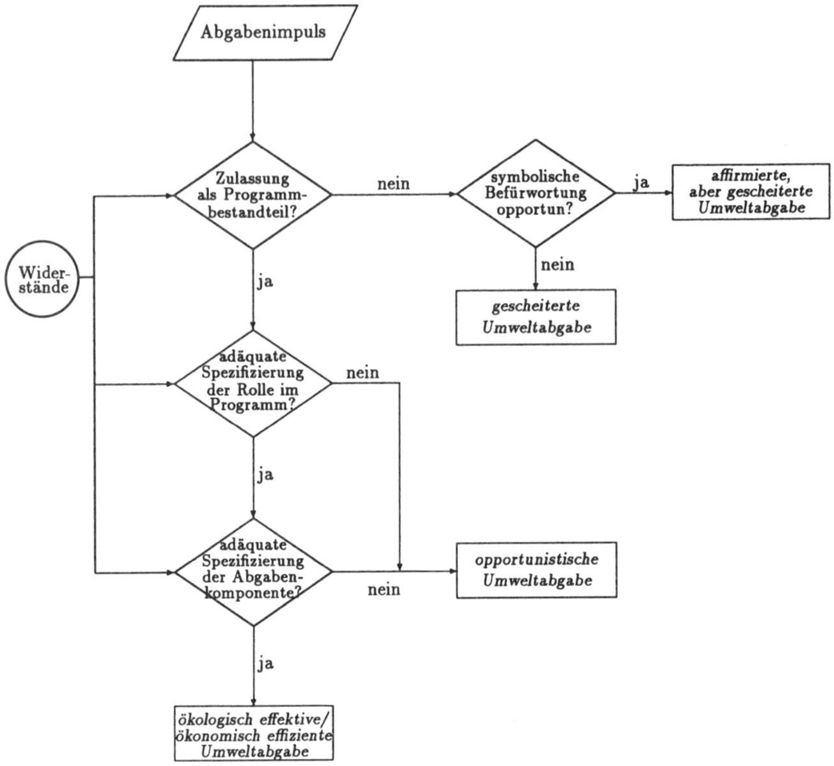

ein Verteilungs- und Belastungsprofil aufweist, das bei duchsetzungsmächtigen Aktoren partikulare Verteilungsinteressen zu bedienen versteht. Politisch aussichtsreiche Abgabengestaltungen sind daher nicht primär der Erfüllung eines ökologischen Programms oder der Ökonomisierung staatlichen Handelns, sondern den Verteilungs- und Machtinteressen gesellschaftlicher Einflußträger verpflichtet. Die „List" freilich, welche partikulare Interessensduchsetzung mit gesamtwirtschaftlicher Wohlfahrt zu versöhnen vermöchte, ist im Bereich der Umweltpolitik nicht in Sicht. Es bleibt ein Spannungsfeld zwischen dem Ergebnis individueller Antriebe und kollektiv rationaler Umweltpolitik.

Abschnitt 2. befaßt sich zunächst mit den Erscheinungsformen politisch deformierter Abgabenlösungen („Phänotyp"); ihre Herleitung aus interessenpolitischer Interaktion („Genotyp") ist Gegenstand des darauf folgenden Abschnitts 3.

2. *Zum Phänotyp aussichtsreicher Umweltabgaben*

Der Phänotyp der opportunistischen Umweltabgabe ist Ergebnis und Abbild der im einzelnen zuvor erörterten Widerstandsformen. Als strategische Ansatzpunkte zur Einbindung interessenpolitischer Einreden und damit zur Verwässerung ökonomischer Lenkungskonzeptionen bieten sich aus der Sicht der Praxis u.a. an:

(1) die *Schaffung allokativer Redundanz* durch Beistellen eigenständig steuerungsfähiger Parallellenkungssysteme etwa regulativen Charakters: Die Abgabepflicht wird zur Regulierung des relevanten Problembereichs nicht allein, sondern nur im Verbund mit anderen Instrumenten zugelassen; mit der Bevorzugung multiinstrumenteller Programmstrukturen geht bereits zwingend ein Verlust an allokativer Kompetenz der Abgabe einher;

(2) Darüber hinaus kann eine *Reduzierung der komponentenspezifischen Bedeutung* zugunsten des Wirkungsbeitrages anderer Verbundkomponenten erfolgen, indem Eingriffstärke und Zusammenspiel der Komponenten innerhalb des Verbundes in geeigneter Weise justiert werden; durch die Wahl eines zurückhaltend bemessenen oder für ordnungsrechtlich zulässige Nutzungen gesenkten[88] Abgabensatzes läßt sich beispielsweise die Schärfe des Abgabenzugriffs mildern und verweist die Abgabe in die Rolle lediglich subsidiärer Funktionserfüllung;

(3) die *programmimmanente Aushebelung* des Abgabenimpulses durch symbolisch-unverbindliche, für die Zukunft formulierte oder nicht vollzugsrelevante Abgabensätze,[89] durch vollzugsintensive

---

[88] Zur damit konstituierten „Restverschmutzungsabgabe" GAWEL/EWRINGMANN (1994).

[89] Hierzu das Lehrbeispiel der bundesdeutschen Abwasserabgabe, deren im Gesetz formulierte Abgabensätze mittlerweile nahezu rein symbolischer Natur sind – vgl. GAWEL (1994c).

Verschränkung mit ordnungsrechtlichen Vorgaben[90] und andere bereits programmierte Vollzugsbehinderungen oder konzeptwidrige Ausgestaltungen (Ermäßigung der Abgabenpflicht auf sog. Restbelastungen, Verrechnungsklauseln der Zahllast mit getätigten Investitionsaufwednungen u.a. m.);

(4) die *konzeptwidrige Instrumentalisierung der Abgabe für lenkungsfremde Zwecke*, z.B. die Akzentuierung der fiskalischen Qualität von Lenkungsabgaben („Öko-Steuer"), die gezielte Nutzung des Aufkommens für Subventionsgewährungen als prinzipiell eigenständigem umweltpolitischem Instrument (Zweckbindung der „Sonderabgabe") oder die Beschränkung auf vorteilsabschöpfende Funktionen („Ausgleichsabgabe");

(5) die *Verzögerung der Programmformulierung* unter Hinweis auf fehlende Kompatibilität mit dem bestehenden Rechtsrahmen; die Rezeptionsverweigerung erfolgt durch Immunisierung des rechtlichen status quo gegenüber (insbesondere in Deregulierungsrichtung zielende) Veränderungsbestrebungen,[91]

(6) das Schaffen *langer Übergangsfristen* zur Konservierung bestehender Strukturen (Streckung des zeitlichen Abstandes von positiv bewertetem Politikinput und ambivalent konnotiertem Politikoutput).

Verwässerte Ausgestaltungen und Einbindung in multiinstrumentelle Programmstrukturen entsprechen in besonderer Weise dem Konzept inputorientierter Politik, welche das Umweltproblem gleich durch mehrere Instrumente gestützt kraftvoll in Angriff zu nehmen scheint, den sich ergebenden Wirkungsoutput hinter instrumentellem Aktionismus indes kaum mehr erkennen läßt, ohne des ökonomischen Rationalitätsanspruches unmittelbar verlustig zu gehen. Die Einbindung ökonomischer Anreizinstrumente in umfassenden Eingriffsstrukturen mit steuerungsdominanten nichtmarktli-

---

[90] Ebenda.

[91] So z. B. im Falle der Stigmatisierung von Zertifikatsystemen als rechtssystematischem Fremdkörper im Umweltrecht (Blankenagel 1987; Becker-Neetz 1988; Messerschmidt 1986, 98; Kloepfer 1989, Rn. 219 ff.; Rehbinder 1994). Aber auch der (rechtswissenschaftlich zur Sonderabgabe stilisierten) Umweltabgabe wurde mit der Steuerstaatsdoktrin eine gewaltige rechtsdogmatische Hürde errichtet, die unverändert gegen das Programm der Wirkungszwecksteuer gerichtet ist – siehe hierzu nur Hendler (1990) oder Messerschmidt (1986).

chen Instrumenten gestattet es, die ungeliebten Ansätze dezentraler Umweltsteuerung institutionell zu zähmen und damit letztlich abzuwehren. Die Deformationswirkungen im Verbund werden dabei antizipiert und bei der Programmformulierung bzw. Implementierung in Rechnung gestellt.

3. Zum Genotyp aussichtsreicher Umweltabgaben

Da die Einbeziehung von Abgabenmechanismen in umweltpolitische Programme, mindestens aber deren Befürwortung umwelt- und interessenpolitisch durchaus gewisse Vorteile verspricht, ist die früher zu beobachtende Total-Abwehr der Abgabe im Schwinden begriffen. Die in der Praxis bevorzugte Lösungs-Strategie besteht in neuerer Zeit offensichtlich vielmehr in der gezielten *Separation politisch-regulativer Teilmärkte* (Abb. 6): Mit weichen und ergebnisoffenen, aber symbolträchtigen und signalbeladenen Programmpaketen sucht Umweltpolitik unterschiedliche Regulierungsmärkte separat zu bedienen. Symbolische Politik und programmiertes Vollzugsdefizit können in diesem Zusammenhang auch als duale Erscheinungsformen eines Phänomens verstanden werden, bei dem einzelne Teilmärkte von politischer Seite unterschiedliche regulative Angebote erhalten, um die nötige Konfliktaustragung zwischen Umweltschutz und dem hierzu erforderlichem gesellschaftlichen Verzicht zu vermeiden oder zu verschleiern: An Wähler und Öffentlichkeit richtet sich der vorwiegend symbolische Normoutput, für die Normadressaten hingegen bleiben vollzugsweiche, symbolisch-unverbindliche Bestimmungen:[92] Vielfach steht bereits die praktische Vollziehbarkeit von Gesetzen und Verordnungen in Frage („Programmdefizit") bzw. wird u.U. sogar bei der Programmformulierung antizipiert („programmiertes Vollzugsdefizit"), ohne daß es für die exekutivische Schlechtleistung noch des Versagens der vollziehenden Behörde bedürfte.[93]

---

[92] Modelliert z. B. bei SELDEN/TERRONES (1993), die ein Wählermodell mit asymmetrischer Information analysieren, das eine systematische Überregulierung mit gleichzeitig programmiertem Vollzugsdefizit erwarten läßt. Ähnlich auch STRÖBELE (1994).

[93] Hierzu DERLIEN (1984, 256), LAHL (1993) m. w. N.; auch LÜBBE-WOLFF (1993).

Abb. 6: *Marktspaltung bei der staatlichen Regulierung öffentlicher Umweltgüter*

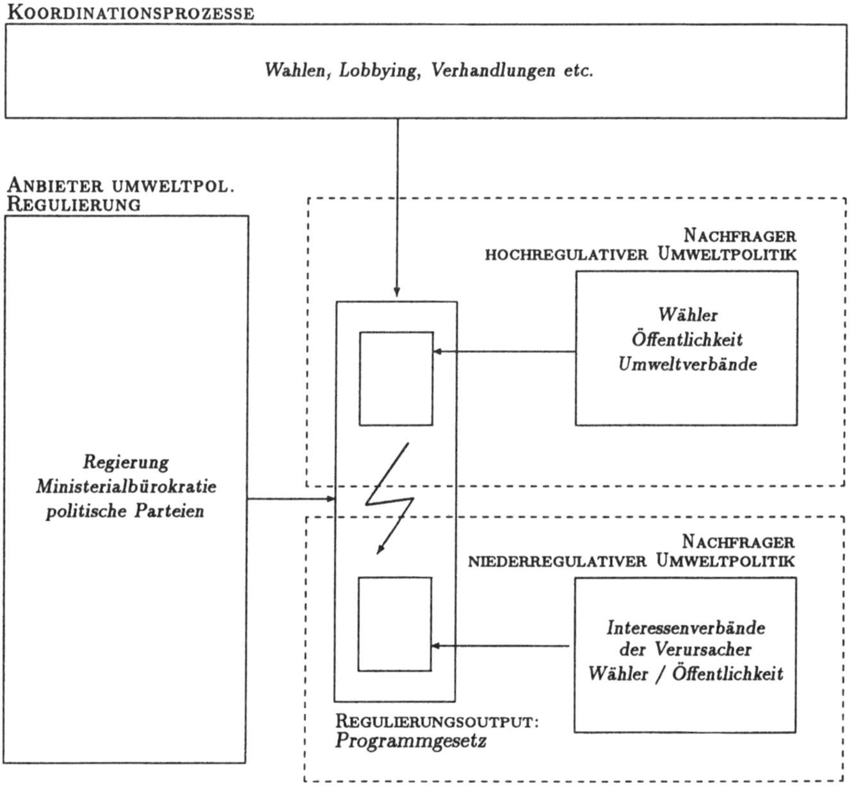

Mit einer solchen Segmentierung und separaten Bedienung regulativer Teilmärkte gehen allerdings hohe (Des-)Informations- und Transaktionskosten einher, da das staatliche Angebot für nachgefragte Regulierungen im Umweltbereich je nach Politikarena – zumindest in der Wahrnehmung der jeweiligen Regulierungsadressaten – gespalten werden muß. Aufgrund nicht zuletzt institutioneller Besonderheiten weisen umweltpolitische Instrumente für eine derartige Vorgehensweise aber eine höchst unterschiedliche Eignung auf. Da die Marktspaltung über Abgaben wesentlich schwieriger durchzuführen ist als über ein auf der Programmebene eher deklamatorisches aber signalstarkes Ordnungsrecht, ergeben sich aus der hier vorgenommenen Interessenanalyse vielfältige Benachteiligungen von Umweltabgaben in der Instrumentenkonkurrenz: Auch ein symbolisches Abgabengesetz führt zu Belastungen und schafft Präjudizien für künftige Regulierungsentscheidungen; der Versuch, wirklich spürbare Belastungen eines Abgabengesetzes unterhalb der Programmebene zu vereiteln, erfordert weitere Kosten bzw. eine bereits im Vorfeld durch komplizierte Normhebel paralysierte Abgabenkonstruktion.

Die Folge sind zunächst verwässerte Ausgestaltungen, die dem Streben nach Entkoppelung von symbolischem Input und effektivem Output Rechnung tragen. Dies kann freilich nur dann gelingen, wenn die Separation erfolgreich verläuft, d.h. die jeweiligen Nachfrager nach umweltpolitischer Regulierung ihre Interessen berücksichtigt sehen. Dort wo Desinformationskosten über das gespaltene Regulierungsangebot zu hoch liegen, erweist sich die Separationsstrategie zugleich aber auch als Implementationsbremse: Wenn die gleichzeitige Bedienung widerstrebender Interessen in einem Programmpaket nicht gelingen will, führt dies tendenziell zur Ausgliederung der betroffenen Komponente aus dem Programmsystem.

Machen wir uns die Zusammenhänge an einem Beispiel aus dem Wasserrecht klar: Seit 1987 fordert der Gesetzgeber im Wasserhaushaltsgesetz (WHG) für gefährliche Stoffe, die erst über Kläranlagen („indirekt") in Oberflächengewässer eingeleitet werden, den strengen *Stand der Technik* (§ 7 a Abs. 3 WHG) bei der Abwasserbehandlung. Mit diesem scharf anmutenden Gebot, das sich als Programmsatz an die politische Arena richtet und eine handlungsfähige, durchsetzungstarke und umweltbesorgte Regierung signalisieren soll, ist freilich die unmittelbare Normwirkung bereits erschöpft. Was im jeweils zu regulierenden Bereich als Stand der Technik anzusehen ist, darf nach Gesetzwerdung in Fachgremien unter Zuziehung von Verbandsvertretern ausgehandelt werden und wird in Verwaltungsvorschriften fixiert. Selbst danach kann im individuellen Genehmigungsverfahren nochmals auf die Anwendung der Standards im konkreten Fall zumindest in zeitlicher Hinsicht (Sanierungsfristen) Einfluß genommen werden. Die Länder gehen dementsprechend auch von einer zweistelligen Anzahl von Kalenderjahren aus, bis sämtliche Einzelbescheide dem seit 1987 gesetzlich Geforderten entsprechen.

Umgekehrt wurden – nicht zuletzt als Reaktion auf die heftige öffentliche Resonanz gegenüber dem Nordseezustand Ende der 80er Jahre (eutrophierungsbedingte Algenvermehrung und Robbensterben) – mit der dritten Novelle des Abwasserabgabengesetzes (AbwAG) ab 1991 die Parameter „Phosphor" und „Stickstoff" in die Liste der zu veranlagenden Stoffe aufgenommen. Um die belastenden Auswirkungen der Abgabepflicht auf die neuen Parameter unter veränderten politischen Vorzeichen wieder zu mildern, blieb jedoch nur noch die Notbremsung über die Stornierung der 1991 eingefügten Bestimmungen im Zuge der vierten Novelle, da aus ihrem symbolischen Gehalt (stufenweiser Anstieg der Abgabensätze ab Mitte/Ende der 90er Jahre) durch Zeitablauf reale Belastungen zu erwachsen drohten.[94] Auch konnte im Zuge der Bewältigung einigungsbedingter Lasten im „Föderalen Konsolidierungsprogramm" gleichsam en passant der vermeintlich zwingende ordnungsrechtliche Vollzug im Wasserrecht per Beschluß gebremst werden; die „Sanktionsautomatik" der Abgabe allerdings blieb und gab daher zu Forderungen nach weitergehenden gesetzlichen Maßnahmen – nicht zuletzt zu ihrer gänzlichen Abschaffung – Anlaß.

Ähnlich dem ebenso beharrlich wie folgenlos vorgetragenen Desideratum des Subventionsabbaus scheint daher vielmehr die nur angekündigte oder spekulativ-unverbindlich im Diskurs gehandelte Abgabe die separate Interessenbedienung eher zu leisten: Statt konkretem Programmangebot offeriert die Politik Betroffenheitsrhetorik, deklamatorisches Bekenntnisethos („Marktwirtschaftlichkeit", „Verantwortungsbewußtsein gegenüber der Natur", „Kostenwahrheit", „Verursacherprinzip") und symbolische Abgabenbefürwortung.

Das Politikangebot spiegelt auf diese Weise die inkonsistente Nachfrage nach Regulierung im Umweltbereich, die zwar auf Verbesserung der Umweltqualität drängt, die damit einhergehenden Belastungen freilich nicht zu tragen gewillt ist – eine für öffentliche Güterbereitstellungsprozesse klassische Dilemma-Position, in der Kostenverantwortung und Nutzenempfang zeitlich, räumlich und personal auseinanderfallen: Es erscheint daher rational, Forderungen

[94] Zur Manipulation des Abwasserabgabengesetzes ausführlich Gawel (1993b).

nach verbessertem Umweltschutz zum Teil symbolisch zu beantworten und so die zu tragenden Lasten effektiv zu mildern. In diesem Zusammenhang bietet die lediglich „affirmierte" auch einen gewissen Ersatz für die tatsächlich gescheiterte Umweltabgabe, wohingegen die opportunistische Umweltgabgabe die Widersprüche in sich austragen muß und zu zusätzlichen Konflikten führt.

Je nach Machtkonstellation auf den Märkten für umweltpolitische Regulierungen können daher die völlige Abwehr von Abgaben, deren subtile Affirmation bei gleichzeitiger Verhinderung bzw. Verzögerung oder aber die Generierung opportunistischer Ausgestaltungen vorherrschen.

Als Prototyp einer opportunistischen Ausgestaltung lenkender Umweltabgaben kann wohl das Konstrukt einer sog. „Restverschmutzungsabgabe" gelten.[95] Soweit es überhaupt gelingt, Umweltabgaben mit allokativer Zielsetzung zu implementieren, so läßt sich dies in der Praxis wohl nur in der Kopplung mit parallel greifenden Verfahren direkter Verhaltenssteuerung („Auflagen") durchsetzen. Innerhalb eines solchen instrumentellen Verbundes, für den die bundesdeutsche Abwasserabgabe reiches Anschauungsmaterial geliefert hat, wird die Abgabe im wesentlichen auf den auch ordnungsrechtlich inkriminierten Bereich beschränkt; die verbleibende, ordnungsrechtlich zulässige Umweltnutzung („Restverschmutzung") bleibt hingegen von der Abgabepflicht befreit oder unterliegt ermäßigten Geldleistungspflichten.[96]

Die Abgabe zerfällt nach diesem Konzept der „Restverschmutzungsabgabe" gedanklich in zwei Abteilungen: Durch die fiktive (und im AbwAG über die Tarifspaltung auch abgaberechtlich nachvollzogene) Grenzziehung am ordnungsrechtlichen Eingriffsniveau (vorgeschriebene Mindestreinhaltung) werden implizit zwei „Abgabearten" mit je verschiedener konzeptioneller Begründung und institutioneller Ausstattung konstruiert:[97]

---

[95] Vgl. hierzu ausführlich die Analyse bei Gawel/Ewringmann (1994).

[96] Im Abwasserabgabengesetz (AbwAG) ist dies normtechnisch durch Spaltung des Abgabetarifs über dem Grenzwert ordnungsrechtlicher Mindestanforderungen (§ 9 Abs. 5 AbwAG) vorgegeben: Jenseits der hoheitlich eingeforderten Reinigungsanstrengungen greift die Abgabe nur mit einem Bruchteil ihres festgelegten Satzes.

[97] Ähnlich auch bereits Hansjürgens (1992, 66).

(1) Einer „*Sanktionsabgabe*", die oberhalb des angesetzten Grenzwertes erhoben wird, kommt die Aufgabe zu, formal nicht geduldete Umweltinanspruchnahmen pekuniär zu ahnden. Die allokative Rechtfertigung der Abgabenerhebung verschiebt sich damit zur Vollzugsunterstützung eines ordnungsrechtlichen Punktziels: Die Abgabe denaturiert hierbei zum institutionalisierten Zwangsgeld für die Nichteinhaltung umweltverwaltungsrechtlicher Vorgaben.

(2) Die Belastung der unterhalb des geforderten Emissionsniveaus verbleibenden, ordnungsrechtlich zulässigen Nutzungen übernimmt hingegen die *Restverschmutzungsabgabe*, deren konstitutives Merkmal die Ermäßigung des regulären Abgabesatzes darzustellen scheint, welche in Anerkennung der ordnungsrechtlichen Steuerungs-Prärogative erfolgt; im Extremfall entfällt die Restbelastung gänzlich.

Was aber bleibt in diesem Fall vom Konzept einer emissionslenkenden Umweltabgabe übrig? Zunächst einmal das programmtragende Abgabengesetz selbst, das die Regierung befähigt, in ihrer Umweltberichterstattung auf ihr eigenes Tätigwerden, ihre umweltpolitische Sensibilität, die Existenz verursacherorientierter Instrumente und die Implementation einer echten Umweltabgabe zu verweisen. Das Gesetz freilich enthält keine lenkende Umweltabgabe mehr, sondern ein vollzugsunterstützendes Zwangsgeld-Äquivalent für den Fall der Normüberschreitung: Dort wo ordnungsrechtlich nichts geschuldet wird, ruht auch die Abgabepflicht. Mit einer solchen Konstruktion, angereichert durch zahlreiche weitere verwässernde Ausgestaltungen, können sich abwasserproduzierende Emittenten naturgemäß *vergleichsweise* problemlos arrangieren. Die lenkende Zielsetzung der Abgabe ist dabei in die Gesetzesbegründung, deklamatorische Formeln einzelner Generalnormen des Gesetzes (§ 3 Abs. 1 AbwAG: Zielnorm der Bemessung) oder eine begleitend einsetzende Polit-Rhetorik verbannt. Die dem Gesetzestext einzig unmittelbar zu entnehmenden Abgabesätze (§ 9 Abs. 4 AbwAG) referieren – nach wasserrechtlicher Logik – auf Ausnahmefälle der „Normuntreue" und unterliegen überdies der intransparenten Überformung durch andere Gesetzesbestimmungen (Schuldverrechnung, Erhöhungs- und Ermäßigungsregelungen). Die Abgabe gibt damit in opportunistischer Weise Gegendruck Raum, ohne auf den symbolischen Anspruch ökonomischer Rationalität, lenkender Umweltbesorgnis oder marktlicher Selbststeuerung zu verzichten.

Auch die Verrechnung der schließlich noch verbleibenden Abgabenschuld mit getätigten Umweltschutzinvestitionen (§ 10 AbwAG) verweist auf opportunistische Ausgestaltungen, die mit einer ökonomisch rationalen Abgabenkonstruktion im Regelfalle nicht vereinbar sind.[98] Die seit Verabscheidung des Gesetzes zu beobachtende Tendenz zu beständiger Ausweitung der Verrechnungsklauseln im Zuge der verschiedenen Novellierungen offenbart damit ebenfalls, daß hier im wesentlichen die Bedienung von Verursacherinteressen *bei gleichzeitiger Aufrechterhaltung des ursprünglichen Normanspruchs* verfolgt wird.

Die politisch-administrativen Kosten für dieses Verfahren sind freilich immens: Während die wasserrechtliche Norm zur Verbindlichmachung des Standes der Technik bei Indirekteinleitungen (Novelle des § 7 a Abs. 3 WHG) im wesentlichen zunächst unverbindliches Sein-Sollen verkörpert, lassen sich Normierungen eines Abgabengesetzes nicht ohne weiteres symbolisch auflösen: Der bloßen Verabschiedung des novellierten § 7a Abs. 3 WHG („Die Länder stellen auch sicher, daß vor dem Einleiten von Abwasser mit gefährlichen Stoffen in eine öffentliche Abwasserbehandlungsanlage die erforderlichen Maßnahmen entsprechend Absatz 1 Satz 3 [= Stand der Technik, *d. Verf.*] durchgeführt werden.") kommt hinsichtlich der unmittelbaren Verkürzung umweltrelevanter Verfügungsrechte zunächst keinerlei Bedeutung zu: Erst die Zeit würde weisen müssen, ob der Programmsatz überhaupt vollziehbar sein wird, wie die Anforderungen konkret aussehen, wer von der Regulierung im einzelnen betroffen sein würde etc.; ohne ausführende Verwaltungsvorschriften und das Tätigwerden der Länder konnte ohnehin ein Vollzug nicht in Angriff genommen werden. Damit bedeutet der Beschluß zur Gesetzesänderung faktisch zunächst keinerlei Eingriff in bestehende Dispositionsspielräume – ein geradezu klassisches Beispiel für symbolische Normproduktion. Sollte sich im Zeitablauf ein Bedarf an einer Zurücknahme des Programmziels ergeben (Veränderungen auf politischen Stimmungs- und Stimmenmärkten; Widerstände der Emitten-

[98] Hierzu ausführlich GAWEL (1993a).

ten gegen einsetzende Vollzugsbemühungen etc.), kann auf ein breites Arsenal weicher Vollzugssteuerung zurückgegriffen werden: Die Produktion konkretisierenden Bundesrechts (Rechtsverordnungen, Bundesverwaltungsvorschriften) kann gedrosselt oder verzögert werden, die Länder können im Konsens zu entsprechenden Verzögerungen angehalten werden, in den Technikgremien zeigt man sich bei der Feststellung des Standes der Technik konziliant, den Vollzugsbehörden werden Signale zur zurückhaltenden Umsetzung übermittelt, die Bescheiderteilung wird gestreckt, großzügige Sanierungsfristen eingeräumt u.a. m.

Anders hingegen beim Abwasserabgabengesetz: Hier müssen bereits im Gesetz potentielle Belastungsminderungen und symbolische Auflösungen von Programmnormen angelegt sein. D. h. die relevanten Verhandlungen finden nicht erst – wie bei der ordnungsrechtlichen Implementation – in klientelisierten Fachzirkeln zur Aushandlung von konkretisierenden Verwaltungsvorschriften oder in ergebnisoffenen Vollzugsinteraktionen mit den Emittenten statt, sondern im politisch-parlamentarischen Raum mit allen damit verbundenen Risiken für die Öffentlichkeitswahrnehmung der dabei angepeilten Verwässerungen. Die Politisierung der Konfliktaustragung, die Notwendigkeit ihrer frühzeitigen Antizipation im Programmgesetz selbst sowie die Gefahr einer erneuten parlamentarischen Behandlung für den Fall späterer Reklamationen der Betroffenen (anstelle weicher Vollzugssteuerung) begründen politische Risiken und Kosten der Abgabenlenkung, die politische Unternehmer und ministerielle Bürokraten auch vor opportunistischen Abgabenlösungen respektvolle Distanz bewahren lassen.

Bei entsprechendem Überduck im politischen Raum, wie er gegenwärtig mit Blick auf die Öko-Steuer-Diskussion zu beobachten ist, wird die Politik wohl Abgaben anbieten müssen; diese werden dann hilfsweise opportunistischen Ausgestaltungen folgen, um den auf Verzicht drängenden Nachfragern nach umweltpolitischer Regulierung entgegenzukommen. Opportunistische Abgaben muten jedoch regulierungspolitisch viel aufwendiger und politisch riskanter an als traditionelles ordnungsrechtliches Vorgehen, das den politischen Bedürfnissen nach Entkoppelung von Regulierungs-Input und -Output stark entgegenkommt. Allerdings darf nicht übersehen werden, daß eine anhaltende Diskrepanz von Input und Output den Druck auf die sparate Bedienung umweltpolitischer Regulierungsinteressen verstärkt und damit die Kosten der Marktspaltung regulativer Politikangebote erhöht. Die anhaltende Krise des Ordnungsrechts im Umweltschutz mag aus dieser Perspektive auch den sich zunehmend lauter artikulierenden Ruf nach neuen Umweltabgaben erklären. Als neuartiges Ventil für diesen Überdruck, dem weder mit weiter gesteigerter ordnungsrechtlicher Normproduktion noch mit opportunistischen (oder gar bloß affirmierten) Lenkungsabgaben herkömmlichen Zuschnitts beizukommen sein wird, könnten dabei Umwelt*steuern* sein (hierzu Abschnitt VI.).

VI. Lehren aus der „Widerstandsforschung“

Auch wenn im umweltpolitischen Raum mannigfaltige Widerstandsformen gegen Abgabenlösungen aufscheinen, so erscheint dennoch die Auferlegung hoheitlicher Geldleistungspflichten im umweltpolitischen Zusammenhang partiell durchaus attraktiv: Abgaben verkörpern einen hohen Symbolwert, gestatten eine verursacherorientierte Demeritorisierung umweltschädlicher Aktivität, führen zur Erzielung eines Mittelaufkommens für den öffentlichen Sektor und können notleidenden Verwaltungsvollzug wirksam unterstützen. Anders verhält es sich allerdings mit dem eigentlichen Anliegen umweltpolitischer Wirkungszweckabgaben, nämlich der pekuniären Belastung bislang unentgeltlicher Umweltnutzungen: Weniger die konkrete Erscheinungsform der Abgabe sondern das darin zum Ausdruck kommende Programm der marktnahen Problemlösung zieht Widerstände auf sich: Dies wird auch an einem instrumentenübergreifenden Zug umweltpolitischer Gestaltung deutlich – der Obsoleszenz der „Restverschmutzungsbelastung“: Während das Ordnungsrecht traditionell zulässige Umweltnutzungen kostenfrei zugesteht, setzen sich bei Lizenzmodellen die kostenlose Primärallokation bestehender Verfügungsrechte („grandfathering“),[99] im Bereich

---

[99] Hierzu Endres (1994, 109 f.), Bonus (1984), Binswanger (1981); aus rechtswissenschaftlicher Sicht Rehbinder (1994).

der Abgaben hingegen Ausgestaltungen unter Freistellung der „Restbelastung“[100] als konsensfähige und rechtstaugliche instrumentelle Eingriffsformen zunehmend durch. Allen Fällen ist gemein, gegenwärtig zulässige Nutzungen von Umweltgütern dem drohenden Zugriff marktlicher Allokationslogik zu entwinden. Auch die gegenwärtig zu beobachtende Tendenz zur Akzentuierung der Abgabepflichten als *Umweltsteuer* bzw. als ökologisierte *Gebühr* verdeutlicht, daß die klassische Wirkungszweck-Programmatik zugunsten polit-ökonomisch sensibler Abgabegestaltungen auf dem Rückzug befindlich ist. Daß zugleich nur diese neue Generation opportunistischer Umweltabgaben erstmals gewisse Chancen auf breitere Realisierung eingeräumt werden können, liegt in der Logik der zuvor beschriebenen Prozesse.

In der konkreten Ausgestaltung als *Umweltsteuer* vermeidet eine Abgabe überdies Transformationskosten, da nicht auf hergebrachte umweltrechtliche Strukturen verzichtet werden muß: Erstens ist sie nicht mehr dem instrumentellen Substitutionsdogma der Umweltökonomik verpflichtet und wird als demeritorisierender Transistor *neben* einem ansonsten unverändert über ordnungsrechtliche Hebel gestalteten Umweltschutz eingesetzt. Zweitens überwindet sie rechtsdogmatische Hürden der Wirkungszwecksteuer („Sonderabgabe“) und tangiert daher die finanzverfassungsrechtliche Statik in weit geringerem Maße.[101] Die Umweltsteuer kann daher seit der Bewertungsänderung seitens der Öffentlichkeit zugunsten der „Strafsteuer“ als natürlicher Attraktor der politischen Instrumentendiskussion gelten.

Dieser Befund steht nur scheinbar im Widerspruch zu neueren Überlegungen bezüglich der positiven Analyse von Umweltabgaben,[102] die bei wesentlichen Aktoren, insbesondere Politikern und „Bürokraten“, jeweils Vorteile einer Ausgestaltung als „Sonderabgabe“ ausmachen. Vor dem hier entwickelten analytischen Hintergrund kann die Konstruktion einer zweckgebundenen (und ggf. fondsseitig

[100] Hierzu ausführlich Gawel/Ewringmann (1994).

[101] Dabei soll freilich nicht verkannt werden, daß auch der Umweltsteuer erhebliches verfassungsrechtliches Ungemach droht - vgl. nur Köck (1991).

[102] Hierzu insbesondere Caesar (1994); ähnlich auch Tiepelmann (1994, 87 ff.); umfassender Hansjürgens (1995b).

etatisierten) Sonderabgabe als das Beistellen von Subventionstatbeständen gedeutet werden, welche ein prinzipiell eigenständiges umweltpolitisches Instrument verkörpern. Dieser Verbund weist die gemeinlasttypischen Vorteile auf: Die Möglichkeit einer ergänzenden Vorteilszuführung eröffnet budgetverwaltende Spielräume, bietet Potentiale für vorteilssuchende Lobbyisten und dämpft über die Betonung von Äquivalenzaspekten wohlfeile Steuerwiderstände.[103] Beschränkt man sich jedoch auf die Erhebungsseite und betrachtet als relevante Alternative die Unterscheidung zwischen (offen fiskalisch begehrlichen) Umweltsteuern neueren Typs gegenüber dem Programm einer klassischen („lenkenden") Umweltwirkungszweckabgabe, so wird die Attraktion durch den Steuertypus offensichtlich. Die Frage der Aufkommensverwendung stellt sich dann stets als von der Einnahmengestaltung zunächst unabhängiges Entscheidungsproblem dar.

Die lenkende Umweltwirkungszweckabgabe hingegen verbleibt als rhetorische Legitimationsfigur im politischen Diskurs ohne nennenswerte Programmbeteiligung oder muß sich – sollte sie dennoch in Ausnahmefällen realisiert werden – mit opportunistischen Ausgestaltungen abfinden: Sie dient als Vehikel für die Realisierung politischer Nutzen (Symbolkraft, öffentliche Einnahmen, Vollzugshebel), die wohlfahrtstheoretisch und gesamtwirtschaftlich zu adeln einer parallel angebotenen Markt- und Verursacherrhetorik zufällt.

VII. Schlußbemerkungen

1. Abgaben behaupten in der umweltpolitischen Diskussion mittlerweile eine gewisse „Popularität", weil die von ihnen vermittelte spezifische staatliche Steuerungsform auch umweltpolitisch selektive Vorteile verspricht. Hierzu zählen u.a. der beträchtliche Symbolwert umweltbezogener Zahlungsverpflichtungen, vollzugsunterstützende Wirkungen sowie die Erzielung von Aufkommen für öffentliche Zwecke. Nicht populär sind hingegen Ausgestaltungen, die dem Pro-

---

[103] Ähnlich wohl auch Tiepelmann (1994, 85) und Weck-Hannemann (1994, 106).

gramm lenkender *Wirkungszweckabgaben* nach dem Opportunitätskostenprinzip verpflichtet sind und durch selektive Belastung bei gleichzeitig hoher Merklichkeit verkürzend in umweltbezogene Verfügungsrechte eingreifen und dadurch Widerstände bei hochorganisierten Interessengruppen mobilisieren. Diese artikulieren sich bei der Abgabenlenkung bevorzugt in politisierten Arenen oder nutzen klientelisierten Zugang zu Fachbehörden zur Interessendurchsetzung. Zentralisierungstendenzen und nicht-kooperativer Verwaltungsstil von Abgaben wirken sich überdies störend auf das binnenadministrative System aus.

2. Widerstände gegen die von Abgaben ausgehenden Belastungen wirken sich vorzugsweise bereits auf der Programmebene aus und führen zum vorzeitigen Scheitern lenkungspolitisch ambitionierter Abgabenprogramme oder selektieren *opportunistische Ausgestaltungen*, denen allein gewisse Programmchancen eingeräumt werden können.

3. Die opportunistische Umweltabgabe entspringt einer *Separation politisch-regulativer Teilmärkte*: Rasches, sichtbares und aktionsmächtiges umweltpolitisches Tätigwerden zwecks Dokumentation ökologischer Handlungsfähigkeit und umweltpolitischer Gestaltungsmacht für Wählerstimmenmärkte bei gleichzeitig geringer Belastungseffektivität und nur symbolischer Verknappung von Verfügungsrechten für die Betroffenen wird über Abgaben nur gelingen, soweit das politische Programmangebot zumindest in der Wahrnehmung unterschiedlicher Adressatenkreise entkoppelt werden kann. Da dies bei Abgaben tendenziell schwieriger anmutet als bei traditionellen ordnungrechtlichen Handlungsformen des Staates, besteht auch die Tendenz, anstelle eines Programmgesetzes entsprechend unverbindliche politische Repräsentanzen treten zu lassen (deklamatorische Formeln, Absichtserklärungen in Parteiprogrammen etc.).

4. Die aktuell aussichtsreichste opportunistische Umweltabgabe ist die *Öko-Steuer*, die, weitgehend frei von Effizienz- oder konkreten Lenkungsansprüchen, neben und nicht mehr an die Stelle des tradierten Ordnungsrechts tretend, (eher) gedeckt durch die hergebrachte Steuerstaatsdoktrin und mit dem politischen Akzeptanz-Angebot der Aufkommensneutralität versehen, nunmehr mehrheitsfähig zu werden scheint.

Betrachtet man abschließend den Beitrag der Theorie zur Erklärung des hier entwickelten Befundes, so werden erhebliche Defizite deutlich: Zwischen einsichtsreichen, aber letztlich in deskriptivem Impressionismus verharrenden Fallstudien[104] und abstrakt-formalen Annäherungen an das Problem, deren Erklärungswert dank großzügiger Prämissensetzung denkbar gering anmutet,[105] eröffnet sich unverändert ein theoretischer Erklärungsnotstand, der immer noch alle empirisch beobachtbaren Erscheinungen zu fassen vermag und kaum trennscharfe Aussagen zuläßt. Solange etwa der gesamte Erkenntnisgegenstand sozial- und politikwissenschaftlicher Implementationstheorien zur abstrakten Personifizierung eines Stimmen oder Einflußeinheiten maximierenden „Regulators" gerinnen muß, um eine mathematisch handliche Optimierung durchführen zu können, bleiben die modelltheoretischen Aussagen spekulativ oder formalisieren lediglich nachträglich den gedanklichen Input der Modellüberlegungen.[106] Der „Regulator" als Chiffre und entscheidungslogische black box für das demokratisch-parlamentarische Entscheidungssystem erscheint dabei in besonderem Maße unbefriedigend.

Dennoch kann die Ökonomie wichtige Beiträge zur Problemlösung beisteuern: Die Wirtschaftswissenschaft vermag zwar den hohen Öffentlichkeitsgrad der Güter, zu deren Schutz Abgabepflichten diskutiert werden, nicht zu vermindern. Wohl aber kann sie aufklärend zum Abbau von Finanzierungsillusion beitragen und damit die weitere Kultivierung und interessenpolitische Instrumentalisierung vulgärökonomischer Stereotype über die von Abgaben vermeintlich ausgehende besondere Belastung hindern. Auch ist sie gefordert, wenn die Abgabe ordnungspolitisch in die Kritik gerät oder als „nicht-marktwirtschaftlich" geschmäht wird.[107] Schließlich sollte es

---

[104] Siehe z. B. die verdienstvollen Studien von HUCKE/MÜLLER/WASSEN (1980); MÜLLER (1994a), HOLZINGER (1994) oder von SANDHÖVEL (1994a).

[105] So die Beiträge zur positiven Regulierungstheorie, insbesondere bei HAHN (1990).

[106] Die evidenten Schwächen dieses Konzepts sind den Vertretern polit-ökonomischer Theorien im Einzelfall wohl bewußt - siehe nur die entschuldigenden Hinweise bei HAHN (1990, 25 f.). Kritisch hierzu auch WELLESEN (1994).

[107] So insbesondere bei W. RITTER (1993). Aber auch in der Rechtswissenschaft werden Zwangs- und Eingriffscharakter der Abgabe häufig in den Vordergrund gerückt und die „Marktwirtschaftlichkeit" des Instruments in Frage gestellt: siehe z. B. KLOEPFER (1989, 183) oder VON ARNIM (1983, 733 ff.).

sich die ökonomische Zunft angelegen sein lassen, die aufgezeigte Tendenz zu politischen Separationsstrategien aufzudecken und damit eine Bewertung politischen Handelns nicht nur nach Inputkategorien ermöglichen helfen. Auch wenn schließlich nicht verkannt werden soll, daß „symbolische Gesten [...] eine eigene Politikfunktion [haben]“[108] und daher nicht „zum Nennwert“ gewertet werden dürfen, so bedarf doch die fortschreitende Substitution von programmatischem durch symbolisches Handeln auch der kritischen Begleitung durch die wirtschaftswissenschaftliche Politikevaluation.

---

108 FÜRST (1994, 43).

Literatur

ALESINA, A. (1987): Macroeconomic Policy in a Two-Party System as a Repeated Game, in: *Quarterly Journal of Economics* 102, S. 651–678.

ALEXY, H. / GOTTHOLD, J. (1980): Verwaltung zwischen konditionaler Programmierung und eigener Verwaltungsverantwortung. Zur Lage der Verwaltung bei der Ausführung von Planungsgesetzen, in: Voigt, R. (Hrsg.): *Verrechtlichung,* Königstein/Ts., S. 200–214.

VON ARNIM, H. H. (1983): Alternativen wirtschaftspolitischer Steuerung: Anreize oder Gebote, in: Hansmeyer, K.-H. (Hrsg.): *Staatsfinanzierung im Wandel,* Berlin, S. 725–744.

ARROW, K. J. (1951): *Social Choice and Individual Values,* New York.

BALLARD, C. L. ET AL. (1985): General Equilibium Computations of the Marginal Welfare Cost of Taxes in the United States, in: *The American Economic Review* 75, S. 128–138.

BARTSCH, E. /RAUSCHER, M. / THOMAS, I. (1993): Environmental Legislation and the Impact of Lobbying Activities (= Working Paper 556, Institut für Weltwirtschaft Kiel), Kiel.

BECKER, G. S. (1983): A Theory of Competition among Pressure Groups for Political Influence, in: *Quarterly Journal of Economics* 47, S. 371–400.

BECKER-NEETZ, G. (1988): *Rechtliche Probleme der Umweltzertifikatmodelle in der Luftreinhaltepolitik,* Frankfurt/M.

BENKERT, W. (1987): Umweltschutz als kollektive Aufgabe – Einige Beobachtungen aus der umweltpolitischen Diskussion der letzten Jahre, in: *Natur + Recht* 9, S. 27–35.

BENKERT, W. (1994): Warum sind Umweltabgaben ebenso populär wie selten? Ein Beitrag zur Erklärung steuer- und umweltpolitischer Willensbildung, in: Mackscheidt, K. / Ewringmann, D. / Gawel, E. (Hrsg.): *Umweltpolitik durch hoheitliche Zwangsabgaben? Karl-Heinrich Hansmeyer zur Vollendung seines 65. Lebensjahres,* Berlin, S. 49–60.

BENKERT, W. (1995): Zentralisierung umweltpolitischer Kompetenzen als Hindernis für die Einführung von Umweltabgaben, in: Benkert, W. / Bunde, J. / Hansjürgens, B. (Hrsg.): *Wo bleiben die Umweltabgaben? Erfahrungen, Hindernisse und neue Ansätze* (= Ökologie und Wirtschaftsforschung, Bd. 17), Marburg, im Druck.

BERGMANN, E. (1990): Zu den Instrumenten der Umweltpolitik, in: Schreiber, H., Timm, G. (Hrsg.): *Im Dienste der Umwelt und der Politik. Zur Kritik der Arbeit des Sachverständigenrates für Umweltfragen,* Berlin, S. 79–94.

BERNHOLZ, P. / BREYER, F. (1994): *Grundlagen der Politischen Ökonomie, Bd. 2: Ökonomische Theorie der Politik,* Tübingen.

Binswanger, H. Chr. (1981): Emissionsrechte als Erweiterung der Eigentumsordnung, in: Wegehenkel, L. (Hrsg.): *Marktwirtschaft und Umwelt* (= Walter Eucken Institut, Wirtschaftswissenschaftliche und wirtschaftsrechtliche Untersuchungen 17), Tübingen.

Blankart, Ch. B. (1975): Zur ökonomischen Theorie der Bürokratie, in: *Public Finance* 30, S. 166–185.

Blankart, Ch. B. (1993): *Öffentliche Finanzen in der Demokratie,* 2. Aufl., München.

Blankenagel, A. (1987): Umweltzertifikate – Die rechtliche Problematik, in: Wenz, E. M. / Issing, O. / Hoffmann, H. (Hrsg.): *Ökologie, Ökonomie und Jurisprudenz,* München, S. 71–98.

Blümel, W. (1987): *Die Allokation öffentlicher Güter in unterschiedlichen Allokationsverfahren,* Berlin.

Blümel, W. / Pethig, R. / von dem Hagen, O. (1986): The Theory of Public Goods: A Survey of Recent Issues, in: *Journal of Institutional and Theoretical Economics* 142, S. 241–309.

Blümle, G. (1981): Einige Gründe für die „Lücke" zwischen Theorie und Praxis in der derzeitigen Umweltpolitik, in: Wegehenkel, L. (Hrsg.): *Marktwirtschaft und Umwelt* (= Walter Eucken Institut, Wirtschaftswissenschaftliche und wirtschaftsrechtliche Untersuchungen 17), Tübingen, S. 21–26.

Bohm, P. / Russell, C. S. (1985): Comparative Analysis of Alternative Policy Instruments, in: Kneese, A. V. / Sweeny, J. L. (Hrsg.): *Handbook of Natural Resource and Energy Economics,* Bd. 1, Amsterdam u.a., S. 395–460.

Bohne, E. (1981): *Der informale Rechtsstaat. Eine empirische und rechtliche Untersuchung zum Gesetzesvollzug unter besonderer Berücksichtigung des Immissionsschutzes,* Berlin.

Bohne, E. (1994): Instrumente, in: Böhret, C. / Hill, H. (Hrsg.): *Ökologisierung des Rechts- und Verwaltungssystems,* Baden-Baden, S. 128–147.

Bonus, H. (1982): Information und Emotion in der Politikberatung. Zur politischen Umsetzung eines wirtschaftstheoretischen Konzepts, in: *Zeitschrift für die gesamte Staatswissenschaft* 138, S. 1–21.

Bonus, H. (1984): *Marktwirtschaftliche Konzepte im Umweltschutz. Auswertung amerikanischer Erfahrungen im Auftrag des Landes Baden-Württemberg,* Stuttgart.

Bonus, H. (1992): Umweltökonomie und die Probleme ihrer politischen Umsetzung, in: Steger, U. (Hrsg.): *Handbuch des Umweltmanagements,* München, S. 33–41.

Braulke, M. (1983): On the Effectiveness of Effluent Charges, in: *Zeitschrift für die gesamte Staatswissenschaft* 39, S. 122–130.

Brennan, G. / Buchanan, J. M. (1980): *The Power to Tax. Analytical Foundations of a Fiscal Constitution,* Cambridge.

Breton, A. / Wintrobe, R. (1982): *The Logic of Bureaucratic Conduct,* Cambridge u.a.

Brohm, W. (1986): Gesetzesvollzug als Handelsobjekt? Zur Notwendigkeit der Rechtstatsachenforschung auf dem Gebiet des informellen Verwaltungshandelns, in: Heinz, W. (Hrsg.): *Rechtstatsachenforschung heute,* Konstanz, S. 103–111.

Buchanan, J. M. / Tullock, G. (1975): Polluters' Profits and Political Response: Direct Controls versus Taxes, in: *The American Economic Review* 65, S. 139–147.

Buchanan, J. M. (1980): Rent Seeking and Profit Seeking, in: ders. / Tollison, R. D. /

Tullock, G. (Hrsg.) (1980): *Toward a Theory of the Rent-Seeking Society,* College Station, S. 3–15.

Burmeister, J. H. (1988): *Der Schutz von Natur und Landschaft vor Zerstörung. Eine juristische und rechtstatsächliche Untersuchung,* Düsseldorf.

Caesar, R. (1980): „Pfennigabgaben" – fiskalisch motivierte Steuertarnung und Rückfall in die Fondswirtschaft? Eine finanzwissenschaftliche Analyse, in: *Finanzarchiv* N. F. 38, S. 385–415.

Caesar, R. (1994): Umweltsonderabgaben oder Umweltsteuern?, in: Mackscheidt, K. / Ewringmann, D. / Gawel, E. (Hrsg.): *Umweltpolitik durch hoheitliche Zwangsabgaben? Karl-Heinrich Hansmeyer zur Vollendung seines 65. Lebensjahres,* Berlin, S. 93–108.

Campos, J. E. L. (1989): Legislative Institutions, Lobbying and the Endogenous Choice of Regulatory Instruments: A Political Economy Approach to Instrument Choice, in: *Journal of Law, Economics and Organization* 5, S. 333–353.

Cansier, D. (1983): Steuer und Umwelt: Zur Effizienz von Emissionsabgaben, in: Hansmeyer, K.-H. (Hrsg.): *Staatsfinanzierung im Wandel* (= Schriften des Vereins für Socialpolitik, N. F., Bd. 134), Berlin, S. 765–783.

Coelho, Ph. R. P. (1976): Polluters' Profits and Political Response: Direct Control Versus Taxes: Comment, in: *The American Economic Review* 66, S. 976–978.

Common, M. S. (1989): The Choice of Pollution Control Instruments: Why is so little Notice taken of Economists' Recommendations?, in: *Environment and Planning* 21, S. 1297–1314.

Cumberland, J. H. (1990): Public Choice and the Improvement of Policy Instruments for Environmental Management, in: *Ecological Economics* 2, S. 149–162.

Decker, F. (1994): *Umweltschutz und Staatsversagen. Eine materielle Regierbarkeitsanalyse,* Opladen.

Derlien, H.-U. (1984): Implementationsprobleme: Bürokratische Ineffizienz ode politische Programmfehler?, in: *Verwaltungs-Archiv* 75, S. 256–271.

Dewees, D. N. (1983): Instrument Choice in Environmental Policy, in: *Economic Inquiry* 21, S. 53–71.

Dietz, F. / van der Straaten, J. (1991): Umweltökonomie auf dem Prüfstand: das fehlende Glied zwischen ökonomischer Theorie und Umweltpolitik, in: Beckenbach, F. (Hrsg.): *Die ökologische Herausforderung für die ökonomische Theorie,* Marburg, S. 239–256.

Downing, P. B. (1981): A Political Economy Model of Implementing Pollution Laws, in: *Journal of Environmental Economics and Mangagement* 8, S. 255–271.

Downing, P. B. / Hanf, K. (1983): Modeling Environmental Regulation, in: Downing, P. B. / Hanf, K. (Hrsg.): *International Comparisons in Implementing Pollution Laws,* Boston u.a., S. 318–334.

Downs, A. (1957/68): *An Economic Theory of Democracy,* New York; deutsch: *Ökonomische Theorie der Demokratie,* Tübingen.

Downs, A. (1967): *Inside Bureaucracy,* Boston.

Downs, A. (1972): Up and Down with Ecology. The Issue Attention Cycle, in: *Public Interest* 28, S. 38–50.

Downs, A. (1973): The Political Economy of Improving our Environment, in: Bain, J. S. (Hrsg.): *Environmental Decay: Economic Causes and Remedies,* Boston, Mass, S. 59–81.

Eckhardt, K. (1993): *Probleme einer Umweltpolitik mit Abgaben,* Frankfurt/M. u.a.

Edelman, M. (1990): *Politik als Ritual. Die symbolische Funktion staatlicher Institutionen und politischen Handelns,* Frankfurt/M. / New York.

Eichhorn, P. / Friedrich, P. (1976): *Verwaltungsökonomie I,* Baden-Baden.

Endres, A. (1983): Do Effluent Charges (always) Reduce Environmental Damage?, in: *Oxford Economic Papers* 35, S. 254–261.

Endres, A. (1985): *Umwelt- und Ressourcenökonomie,* Darmstadt.

Endres, A. (1994): *Umweltökonomie. Eine Einführung,* Darmstadt.

Ewringmann, D. (1984): Zum Wirkungspotential und zur Wirkungsweise von Umweltabgaben, in: Schneider, G. / Sprenger, R. U. (Hrsg.): *Mehr Umweltschutz für weniger Geld* (= ifo-Studien zur Umweltökonomie, Bd. 4), München, S. 247–276.

Ewringmann, D. / Schafhausen, F. (1985): *Abgaben als ökonomischer Hebel in der Umweltpolitik* (= Berichte des Umweltbundesamts 8/85), Berlin.

Ewringmann, D. / Hansmeyer, K.-H. (1992): Der Stand der Diskussion bei den marktsteuernden Instrumenten. Die Sicht der Wissenschaft, in: *Informationen zur Raumentwicklung,* Heft 2–3/1992, S. 81–95.

Ewringmann, D. / Zimmermann, K. (1978): Umweltpolitische Interessenanalyse der Unternehmen, Gewerkschaften und Gemeinden, in: Jänicke, M. (Hrsg.): *Umweltpolitik,* Opladen, S. 66–100.

Fezer, K.-H. (1986): Aspekte einer Rechtskritik an der Economic Analysis of Law und am Property Rights Approach, in: *Juristen-Zeitung* 41, S. 817–824.

Fezer, K.-H. (1988): Nochmals: Kritik an der ökonomischen Analyse des Rechts, in: *Juristen-Zeitung* 43, S. 223–228.

Fiorina, M. P. (1982): Legislative Choice of Regulatory Forms: Legal Process or Administrative Process?, in: *Public Choice* 39, S. 33–66.

Flassbeck, H. / Maier-Rigaud, G. (1982): *Umwelt und Wirtschaft* (= Walter Eucken Institut, Vorträge und Aufsätze 88), Tübingen.

Frey, B. S. (1973): Die politischen Durchsetzungschancen einer Umweltpolitik: Ein theoretischer Ansatz, in: Horn, C. / von Walterskirchen, M. P. / Wolff, J. (Hrsg.): *Umweltpolitik in Europa,* Frauenfeld, S. 199–213.

Frey, B. S. (1978): Umweltökonomik, in: *HdWW,* Bd. 8, Stuttgart u.a., S. 47–58.

Frey, B. S. (1992): *Umweltökonomie,* 3. Aufl., Göttingen.

Frey, B. S. / Schneider, F. / Pommerehne, W. W. (1983): Effluent Taxes and Economists: A Love Affair?, in: *Zeitschrift für Umweltpolitik* 6, S. 187–194.

Frey, B. S. / Schneider, F. / Pommerehne, W. W. (1985): Economists' Opinions on Environmental Policy Instruments: Analysis of a Survey, in: *Journal of Environmental Economics and Management* 12, S. 62–71.

Friedrich, P. (1984): Volkswirtschaftslehre der öffentlichen Verwaltung, in: von Mutius, A. (Hrsg.): *Handbuch für die öffentliche Verwaltung* (HÖV), Bd. 1, Neuwied, S. 945–1035.

Fürst, D. (1978): *Verhaltenslenkende Elemente in der Strukturpolitik,* Konstanz.

Fürst, D. (1994): Abgabelösungen – Schritte zu einem neuen Konzept staatlicher Steuerung?, in: Mackscheidt, K. / Ewringmann, D. / Gawel, E. (Hrsg.): *Umweltpolitik durch hoheitliche Zwangsabgaben? Karl-Heinrich Hansmeyer zur Vollendung seines 65. Lebensjahres,* Berlin, S. 33–48.

Fürst, D. (1995): Wie gut passen Umweltabgaben in die Steuerungsstrukturen unseres politisch-administrativen Systems?, in: Benkert, W. / Bunde, J. / Hansjürgens, B. (Hrsg.): *Wo bleiben die Umweltabgaben? Erfahrungen, Hindernisse und neue Ansätze* (= Ökologie und Wirtschaftsforschung, Bd. 17), Marburg, im Druck.

Gawel, E. (1991): *Umweltpolitik durch gemischten Instrumenteneinsatz. Allokative Effekte instrumentell diversifizierter Lenkungsstrategien für Umweltgüter*, Berlin.

Gawel, E. (1992a): Die mischinstrumentelle Strategie in der Umweltpolitik: Ökonomische Betrachtungen zu einem neuen Politikmuster, in: *Jahrbuch für Sozialwissenschaft* 43, S. 267–286.

Gawel, E. (1992b): Finanzausgleichsprobleme eines ökologieorientierten Steuer- und Abgabensystems, in: *Wirtschaftsdienst* 72, S. 428–434.

Gawel, E. (1993a): Umweltabgaben und Verrechnungsmöglichkeiten von Umweltschutzinvestitionen, in: *Konjunkturpolitik* 38, S. 376–397.

Gawel, E. (1993b): Novellierung des Abwasserabgabengesetzes – ein umweltpolitisches Lehrstück, in: *Zeitschrift für Umweltrecht*, 5. Jg. (1993), S. 159–164.

Gawel, E. (1993c): Vollzug als Problem ökonomischer Theoriebildung. Leistungsfähigkeit und Grenzen einer ökonomischen Theorie des Vollzuges im Umweltschutz, in: *Zeitschrift für Wirtschafts- und Sozialwissenschaften* 113, S. 597–627.

Gawel, E. (1994a): Umweltpolitik zwischen Verrechtlichung und Ökonomisierung. Konkurrierende Ordnungsentwürfe für die Allokation knapper Umweltressourcen – ein Lagebericht, in: *Ordo* 45, S. 63–103.

Gawel, E. (1994b): *Umweltallokation durch Ordnungsrecht. Ein Beitrag zur ökonomischen Theorie regulativer Umweltpolitik*, Tübingen.

Gawel, E. (1994c): Vollzug von Umweltabgaben in Theorie und Praxis, in: Mackscheidt, K., Ewringmann, D., Gawel, E. (Hrsg.): *Umweltpolitik durch hoheitliche Zwangsabgaben? Karl-Heinrich Hansmeyer zur Vollendung seines 65. Lebensjahres*, Berlin, S. 193–212.

Gawel, E. (1995a): Staatliche Steuerung durch Umweltverwaltungsrecht – eine ökonomische Analyse, in: *Die Verwaltung* 28, S. 201–224.

Gawel, E. (1995b): Theoretische Annäherungen: Zur Neuen Politischen Ökonomie der Umweltabgabe, in: Benkert, W. / Bunde, J. / Hansjürgens, B. (Hrsg.): *Wo bleiben die Umweltabgaben? Erfahrungen, Hindernisse und neue Ansätze* (= Ökologie und Wirtschaftsforschung, Bd. 17), Marburg, im Druck.

Gawel, E. (1995c): Bürokratietheorie und Umweltverwaltung. Ökonomische Einsichten in verwaltungsrechtliches Handeln im Umweltschutz, in: *Zeitschrift für angewandte Umweltforschung* 8, S. 79–89.

Gawel, E. / Ewringmann, D. (1994): Lenkungsabgaben und Ordnungsrecht. Zur allokativen Logik der Restverschmutzungsabgabe, in: *Steuer und Wirtschaft* 71, S. 295–311.

Gessner, V. (1978): Retten die Gerichte die Umwelt?, in: ders. et al.: *Umweltschutz und Rechtssoziologie*, Bielefeld, S. 167–199.

Goodin, R. E. (1994): Selling Environmental Indulgences, in: *Kyklos* 47, S. 573–596.

Goulder, L. H. (1994): *Environmental Taxation and the „Double Dividend": A Reader's Guide* (= CES Working Paper Series, 74), München.

Grossman, G. M. / Helpman, E. (1994): Protection for Sale, in: *The American Economic Review* 84, S. 833–850.

Gruenspecht, H. K. / Lave, L. B. (1989): The Economics of Health, Safety and Environmental Regulation, in: Schmalensee, R., Willig, R. D. (Hrsg.): *Handbook of Industrial Organisation*, Bd. 2, Amsterdam, S. 1507–1550.

Hahn, R. W. (1989a): Economic Prescriptions for Environmental Problems: How the Patient followed the Doctor's Orders, in: *Journal of Economic Perspectives* 3, S. 95–114.

Hahn, R. W. (1989b): *A Primer on Environmental Policy Design*, Chur u.a.

Hahn, R. W. (1990): The Political Economy of Enviromental Regulation: Towards a unifying Framework, in: *Public Choice* 65, S. 21–47.

Hampicke, U. (1992): *Ökologische Ökonomie. Individuum und Natur in der Neoklassik,* Opladen.

Hansjürgens, B. (1992): *Umweltabgaben im Steuersystem. Zu den Möglichkeiten einer Einfügung von Umweltabgaben in das Steuer- und Abgabensystem der Bundesrepublik Deutschland,* Baden-Baden.

Hansjürgens, B. (1995a): Umweltabgaben als öffentliche Einnahmen?, in: Benkert, W. / Bunde, J. / Hansjürgens, B. (Hrsg.): *Wo bleiben die Umweltabgaben? Erfahrungen, Hindernisse und neue Ansätze* (= Ökologie und Wirtschaftsforschung, Bd. 17), Marburg, im Druck.

Hansjürgens, B. (1995b): *Zur unterschiedlichen Durchsetzbarkeit von Umweltsteuern und Umweltsonderabgaben. Anmerkungen aus dem Blickwinkel der Neuen Politischen Ökonomie,* erscheint demnächst.

Hansmeyer, K.-H. (1993): Das Spektrum umweltpolitischer Instrumente, in: König, H. (Hrsg.): *Umweltverträgliches Wirtschaften als Problem für Wissenschaft und Politik,* Berlin, S. 63–86.

Hansmeyer, K.-H. / Rürup, B. (1973): Umweltgefährdung und Gesellschaftssystem, in: *Wirtschaftspolitische Chronik* 22, S. 396–417.

Hegenbarth, R. (1981): Symbolische und instrumentelle Funktionen moderner Gesetze, in: *Zeitschrift für Rechtspolitik* 14, S. 201–204.

Hendler, R. (1990): Umweltabgaben und Steuerstaatsdoktrin, in: *Archiv des öffentlichen Rechts* 115, S. 577–609.

Hibbs, D. A. Jr. (1977): Political Parties and Macroeconomic Policy, in: *American Political Science Review* 71, S. 1467–1487.

Hirtz, F. (1978): Analyse von Gerichtsurteilen zum Umweltschutz, in: Gessner, V., et al.: *Umweltschutz und Rechtssoziologie,* Bielefeld, S. 201–218.

Holcombe, R. G. (1985): *An Economic Analysis of Democracy,* Carbondale.

Holtschneider, R. (1991): *Normenflut und Rechtsversagen. Wie wirksam sind rechtliche Regelungen?* Baden-Baden.

Holzinger, K. (1987): *Umweltpolitische Instrumente aus der Sicht der staatlichen Bürokratie. Versuch einer Anwendung der ökonomischen Theorie der Bürokratie,* München.

Holzinger, K. (1994): *Politik des kleinsten gemeinsamen Nenners? Umweltpolitische Entscheidungsprozesse in der EG am Beispiel der Einführung des Katalysators,* Berlin.

Horbach, J. (1992): *Neue Politische Ökonomie und Umweltpolitik,* Frankfurt/New York.

Hucke, J. (1994): *Umweltpolitik in der Bundesrepublik Deutschland. Eine Einführung,* Opladen.

Hucke, J. / Bohne, E. (1980): Bürokratische Reaktionsmuster bei regulativer Politik und ihre Folgen, in: Wollmann, H. (Hrsg.): *Politik im Dickicht der Bürokratie. Beiträge zur Implementationsforschung,* Opladen, S. 180–197.

Hucke, J. / Müller, A. / Wassen, P. (1980): *Implementation kommunaler Umweltpolitik,* Basel u.a.

Issing, O. (1975): Zerstörung der Umwelt – ein Versagen des marktwirtschaftlichen Systems?, in: Recktenwald, H. C. (Hrsg.): *Das Umweltproblem aus ökonomischer und juristischer Sicht,* Göttingen, S. 127–144.

Jäger, F. (1994): Durchsetzungsprobleme in der Umweltpolitik – Ansätze zu einer politischen Ökonomie des Umweltschutzes, in: Studenteninitiative Wirtschaft und Umwelt e. V. (Hrsg.): *Im Namen der Zukunft – Politische Wege zur Nachhaltigkeit,* Münster, S. 121–161.

Jänicke, M. (1995): Akteure der Umweltpolitik, in: Junkernheinrich, M. / Klemmer, P. / Wagner, G. R. (Hrsg.): *Handbuch zur Umweltökonomie,* Berlin, S. 11–15.

Joseph, M. (1995): *Die Analyse kommunaler Umweltpolitik aus Sicht der Neuen Politischen Ökonomie. Eine Untersuchung auf theoretischer Grundlage,* Frankfurt/M. u.a.

Kabelitz, K. R. / Köhler, A. (1977): *Abgaben als Instrument der Umweltschutzpolitik,* Köln.

Karl, H. / Ranne, O. (1995): Der Fall „Abwasserabgabe". Von der Degenerierung eines umweltpolitischen Lenkungsinstruments, in: Benkert, W. / Bunde, J. / Hansjürgens, B. (Hrsg.): *Wo bleiben die Umweltabgaben? Erfahrungen, Hindernisse und neue Ansätze* (= Ökologie und Wirtschaftsforschung, Bd. 17), Marburg, im Druck.

Kelman, St. (1981): *What Price Incentives? Economists and the Environment,* Boston.

Kelman, St. (1983): Economic Incentives and Environmental Policy: Politics, Ideology and Philosophy, in: Schelling, Th. (Hrsg.): *Incentives for Environmental Protection,* Cambridge (Mass.), London, S. 291–331.

Kielmansegg, P. Graf (1979): Politik in der Sackgasse? Umweltschutz in der Wettbewerbsdemokratie, in: Geissler, H. (Hrsg.): *Optionen auf eine lebenswerte Zukunft,* München, Wien, S. 37–56.

Kindermann, H. (1988): Symbolische Gesetzgebung, in: Grimm, D. / Maihofer, W. (Hrsg.): *Jahrbuch für Rechtstheorie und Rechtssoziologie* 13, S. 222–245.

Kirsch, G. (1993): *Ökonomische Theorie der Politik,* 3. Aufl., Düsseldorf.

Kloepfer, M. (1989): Umweltrecht, München.

Knödgen, G. / Uppenbrink, M. (1984): Umweltpolitische Instrumente aus der Sicht der Administration, in: Schneider, G. / Sprenger, R.-U. (Hrsg.): *Mehr Umweltschutz für weniger Geld,* München, S. 75–94.

Knoepfel, P. (1979): *Öffentliches Recht und Vollzugsforschung,* Bern.

Köck, W. (1991): Umweltsteuern als Verfassungsproblem, in: *Juristen-Zeitung* 46, S. 692–699.

Kops, M. (1994): Umweltabgaben und Föderalismus, in: Mackscheidt K. / Ewringmann, D. / Gawel, E. (Hrsg.): *Umweltpolitik mit hoheitlichen Zwangsabgaben?,* Berlin, S. 225–241.

Krueger, A. O. (1974): The Political Economy and the Rent-Seeking Society, in: *American Economic Review* 64, S. 291–303.

Laffont, J.-J. / Tirole, J. (1991): The Politics of Government Decision Making: A Theory of Regulatory Capture, in: *Quarterly Journal of Economics* 106, 1089–1127.

Lahl, U. (1993): Das programmierte Vollzugsdefizit. Hintergründe zur aktuellen De-Regulierungsdebatte, in: *Zeitschrift für Umweltrecht* 4, S. 249–256.

Lehner, F. (1981): *Einführung in die Neue Politische Ökonomie,* Königstein/Ts.

Leonhard, M. (1986): *Umweltverbände. Zur Organisation von Umweltschutzinteressen in der Bundesrepublik Deutschland,* Opladen.

Lowi, Th. J. (1978): Public Policy and Bureaucracy in the Unites States and France, in: Ashford, D. E. (Hrsg.): *Comparing Public Policy,* Beverly Hills/London, S. 177 ff.

LÜBBE-WOLFF, G. (1993): Vollzugsprobleme der Umweltverwaltung, in: *Natur + Recht* 15, S. 217–229.

MACKSCHEIDT, K. / EWRINGMANN, D. / GAWEL, E. (Hrsg.) (1994): *Umweltpolitik mit hoheitlichen Zwangsabgaben? Karl-Heinrich Hansmeyer zur Vollendung seines 65. Lebensjahres,* Berlin.

MÄRTZ, TH. (1990): *Interessengruppen und Gruppeninteressen in der Demokratie: Zur Theorie des Rent-seeking,* Frankfurt/M. u.a.

MAGAT, W. A. / KRUPNICK, A. J. / HARRINGTON, W. (1986): *Rules in the Making. A Statistical Analysis of Regulatory Agency Behavior,* Washington, D. C.

MAI, M. (1989): *Die Bedeutung des fachspezifischen Habitus von Ingenieuren und Juristen in der wissenschaftlichen Politikberatung,* Frankfurt/M. u.a.

MAIER-RIGAUD, G. (1988): *Umweltpolitik in der offenen Gesellschaft,* Opladen.

MAJONE, G. (1975): Standard-Setting and the Theory of Institutional Choice: The Case of Pollution Control, in: *Policy and Politics* 4, S. 35–51.

MAJONE, G. (1976): Choice among Policy Instruments for Pollution Control, in: *Policy Analysis* 2, S. 589–613.

MALONEY, M. / MCCORMICK, R. (1982): A Positive Theory of Environmental Quality Regulation, in: *Journal of Law and Economics* 25, S. 99–123.

MANN, S. (1994): *Macht und Ohnmacht der Verbände. Das Beispiel des Bundesverbandes der Deutschen Industrie e. V. (BDI) aus empirisch-analytischer Sicht,* Baden-Baden.

MAYNTZ, R. (Hrsg.) (1980): *Implementation politischer Programme,* Königstein/Ts.

MAYNTZ, R. (Hrsg.) (1983): *Implementation politischer Programme* II, Opladen.

MAYNTZ, R. (1985): *Soziologie der öffentlichen Verwaltung,* 3. Aufl., Heidelberg.

MAYNTZ, R. ET AL. (1978): *Vollzugsprobleme der Umweltpolitik. Empirische Untersuchung der Implementation von Gesetzen im Bereich der Luftreinhaltung und des Gewässerschutzes,* Stuttgart u.a.

MCCORMICK, R. E. / TOLLISON, R. D. (1981): *Politicians, Legislation and the Economy,* Boston.

MEISSNER, M. (1988): Umweltökonomie und Politische Ökonomie, in: Voigt, W. (Hrsg.): *Politische Ökonomie heute,* Regensburg, S. 67–87.

MELNICK, R. (1983): *Regulation and the Courts,* Washington, D. C.

MERK, P. (1988): *Verteilungswirkungen einer effizienten Umweltpolitik,* Berlin.

MESSERSCHMIDT, K. (1986): *Umweltabgaben als Rechtsproblem,* Berlin.

MESSERSCHMIDT, K. (1995): Der Rechtsrahmen für Umweltabgaben – ein Hindernisparcours?, in: Benkert, W. / Bunde, J. / Hansjürgens, B. (Hrsg.): *Wo bleiben die Umweltabgaben? Erfahrungen, Hindernisse und neue Ansätze* (= Ökologie und Wirtschaftsforschung, Bd. 17), Marburg, im Druck.

VAN MIERLO, J. G. A. / VAN NISPEN, F. K. M. (1991): *Mirror, Mirror on the Wall, Who ist the fairest of them all? Why Public Policies for Environmental Problems have failed sofar in Representative Democracy* (= Research Memorandum 91–4, Universität Limburg), Limburg.

MITNICK, B. M. (1980): *The Political Economy of Regulation. Creating, Designing and Removing Regulatory Forms,* New York.

VON MISES, L. (1944): Bureaucracy, New Haven / London.

MITCHELL, W. C. (1990): Interest Groups: Economic Perspectives and Contributions, in: *Journal of Theoretical Politics* 2, S. 85–108.

Mitchell, W. C. / Munger, M. (1991): Economic Models of Intertest Groups: An Introductory Survey, in: *American Journal of Political Science* 35, S. 512–546.
Moe, T. M. (1982): *The Organization of Interests, Incentives and the Internal Dynamics of Political Interest Groups,* Chicago.
Mohr, E. (1990): Courts of Appeal, Bureaucracies and Conditional Project Permits: The Role of Negotiating Non-Exclusive Property Rights over the Environment, in: *Journal of Institutional and Theoretical Economics* 146, S. 601–616.
Mueller, D. (1989): *Public Choice,* Cambridge.
Müller, E. (1994a): *Innenwelt der Umweltpolitik,* 2. Aufl., Opladen.
Müller, E. (1994b): Organisation, in: Böhret, C. / Hill, H. (Hrsg.): *Ökologisierung des Rechts- und Verwaltungssystems,* Baden-Baden, S. 31–39.
Nagel, G. (1980): *Standards versus Steuern in der Umweltpolitik. Ein Vergleich unter Werturteilen,* Berlin.
Naumann, J. (1984): *Der Einfluß von Interessengruppen auf die wirtschaftspolitische Willensbildung und Weichenstellung,* Zürich.
Nelson, R. H. (1987): The Economics Profession and the Making of Public Policy, in: *Journal of Economic Literature* 25, S. 49–91.
Niskanen, W. A. (1971): *Bureaucracy and Representative Government,* Chicago, New York.
Niskanen, W. A. (1973): Bureaucracy: Servant or Master?, Wolverhampton.
Noll, R. (1983): The Political Foundations of Regulatory Policy, in: *Journal of Institutional and Theoretical Economics* 139, S. 377–404.
Nowotny, E. (1974): *Wirtschaftspolitik und Umweltschutz,* Freiburg/Br.
Oates, W. E. (1993): Pollution Charges as a Source of Public Revenues, in: Giersch, H. (Hrsg.): *Economic Progress and Environmental Concerns,* Berlin, S. 135–152.
Olson, M. (1969): The Principle of „Fiscal Equivalence“: The Division of Responsabilities among Different Levels of Government, in: *The American Economic Review* 59, S. 479–487.
Olson, M. (1971): The Logic of Collective Action, 2. Aufl., Cambridge (Mass.).
Orzechowski, W. (1977): Economic Models of Bureaucracy: Survey, Extensions and Evidence, in: Borcherding, Th. F. (Hrsg.): *Budgets and Bureaucrats: The Sources of Government Growth,* Durham, N. C.
Osterkamp, R. (1975): *Standards und Steuern als alternative Instrumente der Umweltpolitik – Ein theoretischer Vergleich,* Diss. München.
Owen, B. / Braeutigam, R. (1978): The Regulation Game, Cambridge, Mass.
Paul, J. (1986): *Zur politischen Durchsetzungsfähigkeit einer ökologisch orientierten Marktwirtschaft. Eine Analyse aus ökonomischer Sicht, dargestellt am Beispiel der Bundesrepublik Deutschland,* Frankfurt/M., Bern, New York.
Peltzman, S. (1976): Toward a more General Theory of Regulation, in: *The Journal of Law and Economics* 19, S. 211–240.
Pethig, R. (1986): Verbände als Produzenten öffentlicher Güter, in: *Wirtschaftspolitische Blätter* 33, S. 145–154.
Porter, R. C. (1988): Enviromental Negotiation: Its Potential and its Economic Efficency, in: *Journal of Enviromental Economics and Management* 15, S. 129–142.
Posner, R. A. (1974): Theories of Economic Regulation, in: *The Bell Journal of Economics and Mangagement Science* 5, S. 335–358.
Posner, R. A. (1992): *Economic Analysis of Law,* 4. Aufl., Boston/Toronto.
von Prittwitz, V. (1990): *Das Katastrophenparadox. Elemente einer Theorie der Umweltpolitik,* Opladen.

PRUD'HOMME, R. (1981): Le Rôle de la Fiscalité dans la Lutte contre les Encombrements et les Pollutions, in: Biehl, D. / Roskamp, K. W. / Stolper, W. E. (Hrsg.): *Public Finance and Growth,* Detroit, S. 387–398.

REHBINDER, E. (1994): Übertragbare Emissionsrechte aus juristischer Sicht, Teil II: Umweltlizenzen (Zertifikate) im Bereich der Luftreinhaltung, in: Endres, A. / Rehbinder, E. / Schwarze, R. (Hrsg.): *Umweltzertifikate und Kompensationslösungen aus ökonomischer und juristischer Sicht,* Bonn, S. 92–136.

REICHMANN, H. (1994): *Umweltabgaben. Theoretische Grundlagen, Klassifikationen und potentielle Wirkungsbrüche,* Frankfurt/M. u.a.

REPETTO, R. ET AL. (1992): *Green Fees: How a Tax Shift Can Work for the Environment and the Economy,* Washington, D. C.

RITTER, E.-H. (1987): Umweltpolitik und Rechtsentwicklung, in: *Neue Zeitschrift für Verwaltungsrecht* 6, S. 929–938.

RITTER, W. (1993): Können Umweltabgaben zu Lasten der Industrie einen sinnvollen Beitrag leisten?, in: *Festschrift für Karl Beusch,* Berlin u.a., S. 707 ff.

ROPPEL, U. (1979): *Ökonomische Theorie der Bürokratie,* Freiburg/Br.

ROSE-ACKERMAN, S. (1973): Effluent Charges: A Critique, in: *Canadian Journal of Economics* 6, S. 512–528.

ROWLEY, C. K. / TOLLISON, R. D. / TULLOCK, G. (Hrsg.) (1988): *The Political Economy of Rent-Seeking,* Boston.

SALZWEDEL, J. (1986): Umweltgestaltung – Verwaltung im Dialog mit den Betroffenen, in: Hartkopf, G. et al.: *Umweltschutz und Verwaltung,* Bonn, S. 44–77.

SANDHÖVEL, A. (1994a): *Marktorientierte Instrumente der Umweltpolitik. Die Durchsetzbarkeit von Mengen- und Preislösungen am Beispiel der Abfallpolitik,* Opladen.

SANDHÖVEL, A. (1994b): Ministerialverwaltungen und die Durchsetzbarkeit von Preis- und Mengenlösungen – am Beispiel der Abfallpolitik, in: *Zeitschrift für Umweltpolitik und Umweltrecht* 17, S. 225–240.

SCHÖB, R. (1995): Zur Bedeutung des Ökosteueraufkommens: Die Double-Dividend-Hypothese, in: *Zeitschrift für Wirtschafts- und Sozialwissenschaften* 115, S. 93–117.

SCHUMPETER, A. (1950): *Kapitalismus, Sozialismus und Demokratie,* Tübingen.

SCHWARZE, R. (1992): Marktwirtschaftliche Instrumente und/oder Auflagen. Richtigstellung zu einem alten Dogmenstreit und Plädoyer für eine pragmatische Lösung am Beispiel des kombinierten Einsatzes von Umwelthaftung und Umweltauflagen, in: Arbeitskreis „Kritische Ökologie" des BdWi (Hrsg.): *Umweltsanierung in den neuen Bundesländern* (= Forum Wissenschaft, Studie Nr. 17), Marburg, S. 126–149.

SELDEN, TH. M. / TERRONES, M. E. (1993): Environmental Legislation and Enforcement: A Voting Model under Asymmetric Information, in: *Journal of Environmental Economics and Management* 24, S. 212–228.

SHEPSLE, K. A. / WEINGAST, B. R. (1984): Political Solutions to Market Problems, in: *American Political Science Review* 78, S. 417–434.

SIEBERT, H. (1976a): Analyse der Instrumente der Umweltpolitik, Göttingen.

SIEBERT, H. (1976b): Erfolgsbedingungen einer Abgabenlösung (Steuern/Gebühren) in der Umweltpolitik, in: Issing, O. (Hrsg.): *Ökonomische Probleme der Umweltschutzpolitik* (= Schriften des Vereins für Socialpolitik, N. F. Bd. 91), Berlin, S. 35–64.

SPILLMANN, A. / STAEHELIN-WITT, E. (1993): Konflikte und Widerstände, in: Frey, R. L. / Staehelin-Witt, E. / Blöchliger, H. (Hrsg.): *Mit Ökonomie zur Ökologie. Analyse und Lösungen des Umweltproblems aus ökonomischer Sicht*, 2. Aufl., Basel u.a., S. 111–135.

STIGLER, G. (1971): The Theory of Economic Regulation, in: *Bell Journal of Economics* 2, S. 3–21.

STREISSLER, E. (1993): Das Problem der Internalisierung, in: König, H. (Hrsg.): *Umweltverträgliches Wirtschaften als Problem für Wissenschaft und Politik* (= *Schriften des Vereins für Socialpolitik*, N. F., Bd. 224), Berlin, S. 87–110.

STRÖBELE, W. (1994): Ökosteuern und Umweltabgaben – Versuch einer Systematisierung, in: Mackscheidt, K., Ewringmann, D., Gawel, E. (Hrsg.): *Umweltpolitik durch hoheitliche Zwangsabgaben? Karl-Heinrich Hansmeyer zur Vollendung seines 65. Lebensjahres*, Berlin, S. 109–123.

TERKLA, D. (1984): The Efficiency Value of Effluent Tax Revenues, in: *Journal of Environmental Economics and Management* 11, S. 107–123.

TESKE, P. (1991): Interests and Institutions in State Regulation, in: *American Journal of Political Science* 35, S. 139–154.

THÜRMER, A. (1984): *Bürokratie und Effizienz staatlichen Handelns*, Berlin.

TIEDEMANN, R. (1994): *Aufstieg oder Niedergang von Interessenverbänden?* Baden-Baden.

TIEPELMANN, K. (1994): Umweltabgaben – Renaissance der Fondswirtschaft?, in: Mackscheidt, K. / Ewringmann, D. / Gawel, E. (Hrsg.): *Umweltpolitik durch hoheitliche Zwangsabgaben? Karl-Heinrich Hansmeyer zur Vollendung seines 65. Lebensjahres*, Berlin, S. 77–92.

TOLLISON, R. D. (1982): Rent Seeking: A Survey, in: *Kyklos* 35, S. 575–602.

TULLOCK, G. (1993): *Rent Seeking*, Aldershot.

TREIBER, H. (1983): Regulative Politik in der Krise? Anmerkungen zu einem aktuellen Thema oder Reflexive Rationalität im Schatten des gesetzten Rechts, in: *Kriminalsoziologische Bibliographie* 10, S. 28–54.

TUCHTFELDT, E. (1970): Widerstände gegen wirtschaftspolitische Maßnahmen, in: *Jahrbücher für Nationalökonomie und Statistik* 184, S. 366–380.

TULLOCK, G. (1965): The Politics of Bureaucracy, Washington, D. C.

ULLMANN, A. A. (1982): Industrie und Umweltschutz – Implementation von Umweltschutzgesetzen in deutschen Unternehmen, Frankfurt/M.

VERBRUGGEN, H. (1991): Political Economy Aspects of Environmental Policy Instruments, in: Dietz, F. / van der Ploeg, F. / van der Straaten, J. (Hrsg.): *Environmental Policy and the Economy*, Amsterdam, S. 141–149.

WEBER, J. (1977): *Die Interessengruppen im politischen System der Bundesrepublik Deutschland*, Stuttgart u.a.

WECK-HANNEMANN, H. (1994): Die politische Ökonomie der Umweltpolitik, in: Bartel, R. / Hackl, F. (Hrsg.): *Einführung in die Umweltpolitik*, München, S. 101–118.

WEIGEL, W. (1984): Die Theorie der Verfügungsrechte als Erklärungsansatz für allokative Fehlleistungen in der repräsentativen Demokratie, in: Neumann, M. (Hrsg.): *Ansprüche, Eigentums- und Verfügungsrechte*, Berlin, S. 555–567.

WELCH, W. P. (1983): The Political Feasibility of Full Ownership Property Rights: The Cases of Pollution and Fisheries, in: *Policy Science* 16, S. 165–180.

WELLESEN, I. (1994): *Institutionelle Neuerung und politischer Prozeß.* Die Erklärung von Regeländerungen über den politischen Markt, Hamburg.

WICKE, L. (1983): Umweltpolitik und administrative Praxis, in: Wegehenkel, L.

(Hrsg.): *Umweltprobleme als Herausforderung der Marktwirtschaft – neue Ideen jenseits des Dirigismus,* Köln, S. 153–170.

WINTER, G. (1978): Tauschförmiges Recht, zum Beispiel Wohnungssubvention und Abwasserabgabe, in: *Kritische Justiz* 11, S. 254–270.

WINTER, G. (1980): Tauschförmiges und organisierendes Recht. Ein englisch-deutscher Vergleich der Wohnungspolitik, in: Blankenburg, E. / Lenk, K. (Hrsg.): *Organisation und Recht: organisatorische Bedingungen des Gesetzesvollzuges* (= Jahrbuch für Rechtssoziologie und Rechtstheorie, Bd. 7), Opladen, S. 108–127.

WOLLMANN, H. (Hrsg.) (1980): *Politik im Dickicht der Bürokratie. Beiträge zur Implementationsforschung,* Opladen.

YOHE, G. W. (1976): Polluters' Profits and Political Response: Direct Control Versus Taxes: Comment, in: *The American Economic Review,* S. 981–982.

ZIMMERMANN, H. (1994): The Revenue Effect of Environmental Charges, in: *Zeitschrift für angewandte Umweltforschung* 7, S. 26–36.

ZIMMERMANN, H. / HANSJÜRGENS, B. (1993): Umweltpolitische Einordnung verschiedener Typen von Umweltabgaben, in: Zimmermann, H. (Hrsg.): *Umweltabgaben. Grundsatzfragen und abfallwirtschaftliche Anwendung,* Bonn, S. 1–34.

ZIMMERMANN, K. (1985): *Umweltpolitik und Verteilung. Eine Analyse der Verteilungswirkungen des öffentlichen Gutes Umwelt,* Berlin.

ZOHLNHÖFER, W. (1984): Umweltschutz in der Demokratie, in: *Jahrbuch für Neue Politische Ökonomie,* Bd. 3, S. 101–121.

Namensregister

Sachregister